PROFILS INTIMES

CLICHY. — IMPR. PAUL DUPONT, 12, RUE DU BAC-D'ASNIÈRES

ADRIEN MARX

PROFILS INTIMES

NOUVELLES

INDISCRÉTIONS PARISIENNES

PARIS

E. DENTU, ÉDITEUR

LIBRAIRE DE LA SOCIÉTÉ DES GENS DE LETTRES

PALAIS-ROYAL, 15, 17 ET 19, GALERIE D'ORLEANS

1880

A MADAME ALEXANDRE SINGER

Permettez-moi, Madame, de placer cet humble volume sous votre protection. En écrivant, sur la première page de ce recueil, le nom d'une femme d'élite qui m'honore de son intérêt et de son affection, j'entends simplement imiter les pêcheurs des côtes normandes qui gravent à l'avant de leur barque le nom de la patronne qu'ils aiment et qu'ils vénèrent.

ADRIEN MARX.

Paris, le 15 mai 1879.

PRÉFACE

Nous nous sommes rencontrés pour la première fois, Marx et moi, dans une situation tragique : le couteau à la main, et sur un cadavre ! — à l'amphithéâtre de Clamart, où nous étions alors étudiants l'un et l'autre.

Marx, lui, aimait sa lugubre besogne. — Moi, pas ! — Je cherchais à m'en distraire par la fabrication d'une tragédie macabre, qui se ressentait du lieu où elle était élaborée ; et il me dit, un jour que nous échangions nos confidences, en nous passant la blague à tabac : « Vous, avec vos tragédies, je vous retrouverai un beau matin sur cette table-là ! »

Prédiction menteuse ! — J'ai renoncé aux tragédies, et il ne dissèque plus que les vivants ; témoin ce livre.

A quelques années de là, sous les arcades de l'Odéon, et devant l'étalage de la mère Gaut, nous nous obligions par une promesse formelle : — lui, journaliste en herbe, à faire le compte rendu de mon premier succès ; — moi, auteur sifflé, à écrire l'avant-propos de son premier livre.

Il a tenu parole depuis longtemps ; je suis en retard, mais enfin me voici à la place promise, et bien heureux de pouvoir y signaler ce que personne, à mon sens, n'a fait assez remarquer avant moi :

C'est que Marx est sinon le créateur, du moins l'introducteur en France de ce reportage à l'*américaine* qui, depuis, a si bien pénétré dans nos mœurs.

Seulement, en l'acclimatant chez nous, il lui a prêté sa belle humeur et sa gaieté, et par la précision du menu détail, il a su lui donner un tour tout nouveau.

Ainsi compris, le reportage n'est plus l'information pure et sèche, l'indiscrétion brutale ; — c'est le tableau de genre, c'est le portrait intime : tableau exact, portrait lestement enlevé en trois coups de crayon ; mais fidèle, quoique improvisé, et souvent plus étudié qu'il n'en a l'air.

Tout en procédant des chroniqueurs du dernier siècle : les Bachaumont, les Métra, les Pidansat de Mairobert, etc., dont les écrits sont pour nous une source d'informations toujours amusantes, Marx se distingue de ses prédécesseurs par une garantie d'exactitude qui leur manque. — Où Bachaumont se bornait à recueillir les bavardages de la ruelle ou de la rue et à les enregistrer sans contrôle, Marx, plus consciencieux, ne se fie à personne, et, plus audacieux : c'est son « sujet » lui-même qu'il met sur la sellette, et qu'il interroge, pour saisir au vol ses pensées et ses gestes ; — photographie instantanée dont on est sûr que le modèle a toujours posé devant lui.

Aujourd'hui que le procédé fonctionne, qu'il est admis, il ne souffre plus de grandes difficultés dans

la pratique ; mais si l'on veut bien considérer l'é-
poque où Marx l'inaugurait chez nous, on avouera
qu'il devait rencontrer de sérieux obstacles.

L'introduction dans votre logis de ce monsieur qui
vous dit en souriant : « Prenez donc la peine de vous
asseoir, que je vous croque en cinq minutes », cette
nouveauté choquait bien des habitudes, et se heurtait
à bien des réserves. — Je ne dis rien des modesties !

Plus d'un s'est cabré, et Marx a dû gentiment forcer
quelques portes. Mais il le faisait avec tant de bonne
grâce unie à tant d'assurance, que le plus rigoureux
se laissait vaincre et finissait par lui tout dire, en jurant qu'il ne lui dirait rien.

Le premier rempart franchi, il a passé partout,

> Et la garde qui veille aux barrières du Louvre !...

Pour qui le connait, cela s'explique : — L'esprit
de bienveillance et de tact qui ne lui fait jamais défaut
rassurait tous les scrupules. — Non qu'il déguise les
vérités de son modèle, — mais il excelle dans l'art,
si ce modèle a une verrue, de lui persuader qu'il la
présentera au public comme un grain de beauté.
Aussi le nombre est-il grand des maisons où, entré
en curieux, il est retourné en ami.

Du reste, je ne sais pas pourquoi je m'applique ici
à faire valoir tous les mérites de ces profils intimes.

Ni même pourquoi Marx m'a demandé ce petit
avant-propos, promis depuis si longtemps.

Il avait un bien meilleur introducteur que moi, et
une lettre de recommandation plus autorisée que la
mienne.

Je n'aurais garde d'en priver le lecteur ; — la voici : elle a trait au volume des premières *Indiscrétions parisiennes*, paru en 1866 :

Mardi, 4 décembre 1866.

Monsieur et cher confrère,

Je vous remercie bien de l'attention qui vous a fait m'envoyer votre recueil. On est flatté de ne pas être oublié de ceux qui savent si bien tout ce qu'il y a de nouveau et d'à-propos dans leur temps ; cela nous prouve qu'on en est encore, — chose la plus sensible du monde en vieillissant. Je relis plus d'une de ces indiscrétions *que je connaissais déjà et j'en trouve d'autres qui m'avaient échappé. On dira ce qu'on voudra : on s'amuse à vous suivre. On y apprend ce qu'on ne savait pas et ce qu'on ne saurait pas sans vous. Vous avez su marcher dans cette voie glissante d'un pied leste et assez ferme, — entre la complaisance et la raillerie. Sauf deux ou trois endroits, ce n'est ni trop ni trop peu.*

Sur des figures que je connais, j'admire comme vous avez croqué du premier coup. C'est tout au plus si je vous ferai par-ci par-là une remarque critique.

Sur Gavarni, comme il était réellement malade, vous avez été un peu trop vrai. Sur Litz, je ne sais si c'est parce que je l'ai vu enfant, mais je n'aime pas le mot vieillard. Sur la célèbre Sophie, je n'admets pas*

---

* Cuisinière du docteur Véron.

du tout le nez pourpré ni l'aspect rabelaisien. Ici je suis fort net. Cette brave fille, restée à quelques égards primitive et dévote, a plutôt l'air janséniste et ascétique. Voilà mes grosses critiques, Monsieur. Vous préludez aujourd'hui par des dessins à la plume. Si vous voulez être peintre un jour, ces études vous serviront. En attendant, elles plaisent, elles circulent et font une partie essentielle de votre Nouveau Tableau de Paris.

Agréez, je vous prie, l'assurance de mes sentiments les plus distingués et très obligés,

SAINTE-BEUVE.

Après cela, je n'ai plus qu'à m'incliner et à m'associer au désir exprimé par le prince de la critique moderne.

C'est que Marx troque son crayon contre un pinceau, et qu'il évoque le souvenir d'un grand homme : Charles Dickens !... — Lui aussi fut *Reporter* à ses débuts. — Quel exemple !

V. SARDOU.

PROFILS INTIMES

ALEXANDRE DUMAS FILS
CHEZ LUI.

Méry disait, au sortir d'une réception à l'Académie française :

— Est-ce assez bizarre !... Deux hommes échangent une balle et en voilà un de mort. Ils échangent un discours et en voilà un d'immortel !

Il y a quelque temps, Alexandre Dumas fils a subi l'épreuve traditionnelle du grand duel oratoire : à cette occasion, les journaux de tous les formats se sont emparés de son œuvre, ont énuméré ses livres, ses préfaces, ses pièces et ses brochures. Les plus graves ont rappelé ses productions les plus retentissantes et tâché d'en dégager la haute philosophie. Les plus frivoles ont cité la date de sa naissance et quelques-uns de ses mots fameux qui ont été imprimés cent fois...

Je me suis donné pour mission d'éviter et ceci et cela.

Je ne veux pas m'occuper de l'immortel. Je désire montrer plutôt le mortel, raconter l'époux, le père, l'artiste, dévoiler sa vie privée dans ses moindres détails ; quels qu'ils soient, ils ne rapetisseront pas cette gloire indiscutable de notre littérature contemporaine.

Et voilà pourquoi je sonnais l'autre jour, dès neuf heures du matin, à la grille du petit hôtel qu'habite le maître, avenue de Villiers, — l'une des percées spacieuses que le dix-septième arrondissement doit à la pioche du baron Haussmann.

La maison est d'aspect banal. Au premier abord elle semble petite, et l'on s'explique difficilement qu'elle puisse abriter tant de talent ! Si l'on pénètre dans l'intérieur, on s'aperçoit vite qu'on n'est pas chez tout le monde... Dès le seuil franchi, une émotion toute particulière vous empoigne. La sévère décoration de l'antichambre, ses vases ventrus garnis de plantes exotiques, ses portières en gobelins, son épais tapis de couleur sombre, sa vieille lanterne en fer forgé, sa grande composition de Bonnington, représentant la rue Royale en 1825, tout cela vous impressionne... C'est le portique d'un temple et non l'entrée d'un immeuble ; c'est un parvis plutôt qu'un péristyle. Au surplus, le dieu n'est pas long à paraître. Dumas fils aime à connaître vite le nom du fâcheux

qui le vient relancer. Il se cache derrière les plis de
la portière. De là, il voit sans être vu le visage du
visiteur, et un geste imperceptible dicte sa réponse au
valet qui a ouvert...

Malgré l'heure matinale, je savais trouver le maître
debout. Il est de tous les Parisiens celui qui se lève
le plus tôt. Par contre, il n'en est guère qui soient
couchés moins tard.

— Je ne crois pas m'être mis au lit deux fois après
dix heures depuis dix-huit ans, — me disait-il. Aussi,
je suis le réveille-matin du logis... C'est moi qui
allume le feu dans toutes les chambres. Je n'ai jamais
pu mettre la main sur un domestique qui m'évitât
cette corvée. Par exemple, j'en ai souvent engagé,
qui, me trouvant à leur réveil accroupi devant les
cheminées et disposant les bûches, m'ont compli-
menté sur mon habileté à cette besogne en ayant l'air
de se dire : « Puisque ça l'amuse, ne le dérangeons
pas ! » Je pense même aux réchauds de la cuisine,
en sorte que lorsque mon cordon-bleu descend dans
son sous-sol, il n'a qu'à placer sur la fonte déjà
rouge du fourneau le potage que je mange régulièrement tous les matins avant de me mettre à
l'ouvrage. J'ai essayé de tout : café, chocolat, thé.
C'est encore la soupe, — cet aliment honnête, —
qui a mes préférences. Si copieuse et si consistante
qu'elle soit, elle se digère facilement. Elle a, de plus,
cet avantage que les médecins, si rarement d'accord,

se plaisent à lui reconnaître : elle provoque l'appétit et met l'estomac en belle humeur pour le second déjeuner.

Son potage pris, Dumas fils passe dans son cabinet de travail, qui occupe le rez-de-chaussée avec la bibliothèque, la salle à manger et le salon. Ce cabinet est un monde où statuettes, manuscrits, livres, armes, tableaux sont entassés pêle-mêle, dans un désordre pittoresque. Ceux-ci gisent à terre, ceux-là sont déposés confusément sur des tables. A peine y a-t-il assez de place pour le fauteuil du visiteur et l'escabeau de bambou sur lequel s'asseoit toujours le dramaturge. Mais, — me dira-t-on, — il doit avoir une barre de fer dans la colonne vertébrale pour passer des heures entières sur un siège sans dossier et sans appui d'aucune sorte. A cette réflexion, je répondrai par la façon dont Dumas fils travaille. Il reste devant son bureau tout juste le temps de fixer sa pensée. Puis, il se lève, marche, revient à son manuscrit, écrit encore, se lève de nouveau, va embrasser ses enfants ou changer de place un de ses chers bibelots, reprend la plume et... c'est toujours ainsi.

Un médecin établirait un rapprochement entre les allées et les venues du maître qui met au monde l'œuvre qu'il a conçue et le besoin de locomotion qu'éprouve la femme durant la période douloureuse qui précède l'enfantement, mais je ne suis pas accoucheur, je suis portraitiste : je passe outre.

Au milieu de la pièce se dresse le bureau, — un énorme meuble Louis XVI avec étagères, compartiments et tiroirs. Sur le rayon supérieur apparaît un flambeau de fer à trois branches, — quatre de moins que le chandelier sacré. — Ses trois bougies à demi-consumées attestent que Dumas n'a pas la superstition des « trois lumières », et cela se conçoit quand on songe qu'elles l'ont éclairé tandis qu'il écrivait la préface de *Manon Lescaut* et l'*Étrangère*. A côté de ce flambeau, une main de bronze étalée sur un socle de marbre noir. Cette main est petite, — courte serait plus juste. — Ses doigts effilés et coniques, dont les ongles se distinguent par leur ovale parfait, s'écartent les uns des autres à la façon des serres de l'aigle. La paume est charnue, large et puissante. On comprend que cette main ait embrassé presque tous les genres et les ait traités avec une égale supériorité. C'est la main d'Alexandre Dumas père, moulée au Puy, sur son cadavre, en 1870.

Après m'avoir montré, — non sans émotion, — ce bronze éloquent, le maître tira sous mes yeux les tiroirs d'un petit meuble rappelant, par sa forme, ceux où les numismates enferment leurs collections. J'y aperçus des mains en marbre, en plâtre, en stéarine : des mains d'hommes et des mains de femmes, —des mains ignobles d'assassins et des mains fluettes de duchesses. La main de Troppmann et celle de Mlle Damain aînée, — la perfection du genre.

— J'aime les mains, fit Dumas. Elles m'en disent plus long que les visages. J'en ai eu sous les yeux qui m'ont révélé bien des infamies et aussi qui m'ont conté de grandes actions !

Je souris à la vue de cet étrange musée, car je me souvins que Desbarrolles est un ami de la maison. Il a sans doute jeté Dumas dans la chiromancie. Il paraît que ces choses-là s'attrapent !

Cette digression m'a prématurément éloigné du bureau, où j'aperçois encore un cornet duquel émergent, — pareilles au bouquet d'un feu d'artifice, — un faisceau de plumes d'oie, les seules qu'emploie le grand écrivain. Il éprouve un certain plaisir à les entendre chanter sur le papier bleu satiné dont, comme son père, il se sert de préférence. N'oublions pas l'encrier, — un prosaïque bloc de cristal.

— C'est l'encrier de la comtesse Dash, — m'a dit Dumas. La pauvre femme me l'a laissé par testament. Je m'en servirai toute ma vie. Ah ! j'ai changé l'encre, par exemple. Je suis content de la mienne ; mes éditeurs n'en sont pas mécontents, et les directeurs de théâtres s'en plaignent rarement... Mais que regardez-vous donc ?

Je fixais à ce moment les yeux sur une pile de lettres prêtes à être confiées à la poste.

— Ces plis sont insignifiants, continua-t-il. Je reçois un nombre de lettres incalculable et j'ai la faiblesse d'y répondre. La plupart d'entre elles se res-

semblent. Sur dix de mes correspondants, il y a sept
inconnus qui me demandent quelque chose, deux que
je connais un peu qui me demandent quelque chose
et un que je connais beaucoup qui... me remercie de
quelque chose. Vous vous dites que le concours d'un
secrétaire m'éviterait ce pénible travail... C'est juste,
mais j'ai l'horreur du secrétaire. Je n'aime pas ce monsieur qui fouille dans vos papiers, garde par devers
lui la copie de votre correspondance, et qui, après
avoir vécu de votre vie, vit de votre mort en colpor-
tant dans les journaux, le lendemain de votre enter-
rement, des révélations plus ou moins authentiques
sur votre existence intime. Le secrétaire est rarement un ami ; c'est le plus souvent un ennemi qui ne
vous pardonne jamais le bien que vous lui avez fait
et laisse entendre volontiers qu'il a été votre collaborateur. Comme, pour lancer ce mensonge, il attend
le moment où vous avez six pieds de terre sur le
corps, vous ne pouvez pas protester. Le meilleur secrétaire, c'est soi-même. Celui-là ne vous trahit pas,
et il a le précieux agrément de mourir en même temps
que vous.

Mais tous les plis envoyés par l'auteur de *la Dame
aux camélias* ne sont pas, pour me servir de son expression, aussi « insignifiants ».

Je me souviens qu'un autre jour il me surprit regardant sur son bureau une large enveloppe sur laquelle
je lisais distinctement : *Monseigneur Dupanloup.*

— Savez-vous ce que j'envoie là dedans à l'éminent prélat ? me dit-il. Non, n'est-ce pas ? Eh bien, c'est ma préface de *Manon Lescaut*. Je le prie de la lire et de me dire ce qu'il en pense.

La préface de *Manon*, jugée par l'évêque d'Orléans !

Son courrier expédié, Dumas travaille jusqu'à midi. Quatre heures par jour (et encore pas tous les jours) lui ont suffi pour produire en vingt ans les livres et les pièces que les deux mondes ont lus et applaudis. Il ne faudrait pas croire qu'il arrive du premier coup à la forme nette, spirituelle et imagée qui est le propre de son talent.

L'anecdote qui suit prouve le contraire.

Quand le bruit se répandit que l'*Affaire Clémenceau* allait bientôt paraître, M. de Villemessant demanda ce roman à Dumas avec l'intention de le publier en feuilletons dans le *Figaro*. Après quinze jours de réflexion, le romancier vint trouver le rédacteur en chef de ce journal :

— Je refuse, lui dit-il. Nous ferions tous deux une mauvaise spéculation. L'*Affaire Clémenceau* est écrite pour être lue d'un trait et dans un livre. L'intérêt n'y est pas ménagé comme il convient aux ouvrages publiés par tranches et dont l'action avance par étapes. Je croyais d'abord la chose possible, mais en recopiant mon manuscrit pour la quatrième fois...

— Vous avez recopié quatre fois cet énorme volume ? Quelle plaisanterie !

— Je vous dis la vérité. C'est en me copiant, me recopiant toujours et me recopiant encore, que j'arrive
à donner à mes productions les qualités qu'on veut
bien leur reconnaître. Je trouve chaque fois des changements à opérer, des incidents à dramatiser, des expressions à modifier, sans compter tout ce que je
retranche d'oiseux. Ces révisions successives, faites
mot à mot, la plume à la main, sont laborieuses, fas-
tidieuses même; mais je n'y renoncerai jamais, tant
j'apprécie ce que je leur dois. Aussi, quand je livre un
manuscrit à Michel Lévy et qu'il me le prend des
mains, j'ai des envies folles de le lui arracher pour le
recopier encore.

J'ai dit qu'on voyait des armes dans le cabinet de
Dumas. Celle qu'il vous montre de préférence est le
fusil à percussion centrale, sans chien ni batterie, que
Devisme a établi pour son ingénieur de la *Femme de
Claude*. Tout d'abord, je pris cet engin de destruc-
tion pour un fusil de chasse et je demandai à Dumas
s'il est chasseur.

— Pas du tout, me répondit-il. J'admets qu'on tue
un homme ou une femme adultères, je n'admets pas
qu'on tue un lapin... Et pourtant, ajouta-t-il avec un
sang-froid comique, étant données les mœurs du lapin, on en tue rarement qui n'ont pas violé la foi con-
jugale.

En cet instant, on sonna. Le valet de chambre intro-
duisit bientôt une dame brune assez jolie que le

maître fit asseoir, et, tandis que je me retirais dans un coin en parcourant un journal, pour me donner une contenance, il engagea avec elle un colloque à voix basse, qui dura quelques minutes, au bout desquelles la visiteuse se retira.

— Elles sont toutes *la même*, me dit-il, dès que la porte fut fermée. Elles s'imaginent toutes qu'elles sont plus fortes que les hommes et que les plus malins d'entre nous plongent en vain la sonde dans leur cœur et dans leur cerveau. Je ne sais quel plumitif galantin a écrit que l'instinct de la femme est supérieur à l'intelligence de l'homme. Il a été singulièrement inspiré ce jour-là, et j'aime à penser que son épouse, s'il est marié, nous a vengés de sa bêtise... En voilà une qui est venue ici avec le dessein de me « rouler » et la persuasion qu'elle y arriverait. Mais j'ai vu clair dans son jeu... Elle a tous les torts. Son mari est le plus honnête et le meilleur des hommes.

Et après un silence, il continua :

— Les femmes ne procèdent point par amour, elles procèdent par aversion. Une femme prend un amant non pas parce qu'elle l'aime, mais parce qu'elle n'aime pas son mari, — ce qui est bien différent. Et puis, voyez-vous, mon cher, j'exècre les femmes *déclassées*. Je me sens plus d'indulgence pour les femmes *dévoyées*. Le crime des unes est conscient, le crime des autres est inconscient. Le premier mérite la sévérité la plus rigoureuse ; le second a droit aux circonstances atténuantes.

Quelle était cette femme dont la venue avait provoqué ces réflexions? C'était tout bonnement une des mille farceuses qui osent demander l'absolution de leurs fredaines à l'historiographe de Marguerite Gauthier, au préfacier de Manon Lescaut, à celui qu'elles croient le réhabiliteur juré de toutes les pécheresses, sans distinction de causes déterminantes.

— Elles me prennent, poursuivit le peintre des romans féminins par excellence, pour un confesseur aveugle et ramolli. Mais j'en ai assez. Je suis las d'être le confident de toutes ces vilenies et d'assister de si près à l'éternelle comédie que me jouent ces vicieuses. Leurs âmes sont décidément trop laides à voir. Je préfère regarder mon Vollon.

Et Dumas me désignait l'admirable nature morte qui surmonte la cheminée de son cabinet.

— Vollon peint des merveilles, me dit-il. Eh bien, il peut faire mieux encore. Son génie est paresseux : il a besoin de stimulant. C'est le cas du cheval dont les actions ne se développent que sous l'influence de l'éperon. Je méditais depuis longtemps d'obtenir de Vollon un Vollon supérieur à lui-même, lorsqu'en flânant rue d'Amsterdam, j'aperçus à la vitrine d'un brocanteur le cadre en bois sculpté de ce tableau. Regardez-le, je vous en prie.

J'examinai ce cadre dont la splendeur artistique m'avait échappé, et je poussai un cri d'admiration à la vue de ces deux guirlandes de fleurs fouillées avec

un « fini » sans égal et rattachées à leur sommet par
un léger nœud de rubans.

— J'ai acheté ce cadre, continua Dumas, je l'ai fait
redorer, et je l'ai envoyé à Vollon avec ces mots : « Tu
serais bien gentil de placer là dedans le bassin chargé
de fruits que tu m'as promis et que tu n'as pas com-
mencé. » Exécuter un contenu qui fasse oublier le
contenant n'était pas chose commode. On ne met pas
de la piquette dans un flacon de vermeil. Vollon com-
prit qu'il lui fallait se surpasser pour empêcher son
panneau d'être annihilé par cet entourage superbe...
et vous voyez qu'il a atteint son but.

Les heures passent vite dans un tel palais et chez
un tel châtelain. Midi sonna tandis que, continuant
ma revue, j'admirais une magistrale composition de
madame Madeleine Lemaire, — une des meilleures élèves de mon ami Chaplin.

— Vous déjeunez avec nous ? me dit Dumas. J'ai la
maladie des collectionneurs. J'aime à montrer ma galerie de tableaux, c'est le dessert que je vous réserve.
et puis vous ferez la connaissance de mes filles...
Allons, laissez-vous tenter.

J'avais beaucoup entendu parler de mesdemoiselles
Colette et Jeannine *. Elles m'avaient été signalées

---

* Cet article a été écrit il y a sept ans. Mesdemoisselles
Colette et Jeannine sont aujourd'hui de belles jeunes filles à
marier !... comme le temps passe et nous pousse !

comme deux enfants à part et dignes de l'attention d'un observateur.

J'acceptai et nous passâmes dans la salle à manger dont, faute d'espace, je ne décrirai pas l'ameublement de haut goût et les bahuts surchargés de vaisselle plate.

Je pris place à la droite de madame Alexandre Dumas, dont on n'oublie jamais l'accueil affable et hospitalier. J'avais ses fillettes en face de moi et, tout en prenant ma pâture, je ne les quittais pas des yeux. Colette a quinze ans. Ce n'est plus une enfant et ce n'est pas encore une jeune fille. D'ailleurs, elle a, dès son plus bas âge, échappé à toute classification... Est-ce un bébé qui a des reparties comme celle qui suit?

Le lendemain de la première représentation du *Supplice d'une femme*, — ce drame poignant où l'on voit un enfant opter entre son père et sa mère qui se séparent, — Dumas dit à Colette, qui avait six ans à peine :

— Papa et maman vont se quitter. Près duquel veux-tu vivre?

— Près de celui qui ne partira pas, répondit Colette sans hésiter.

— Cette leçon formulée par des lèvres aussi jeunes me terrifia, me dit Alexandre Dumas. C'était l'enseignement de ma pièce formulé en six mots. Je l'attribuai au hasard et un peu aussi aux instincts casaniers de Colette. En restant près de celui qui restait, elle évitait un dérangement.

Mademoiselle Jeannine, qui aura bientôt neuf ans, a des répliques moins profondes. Un dimanche matin, — elle avait cinq ans alors, — sa gouvernante, qu'elle ne voulait pas accompagner à la messe, lui dépeignait la surprise du bon Dieu en ne la voyant pas dans son temple, à sa place accoutumée.

— Tu lui diras, fit-elle, que je suis à la campagne !

Colette, c'est Dumas père. Jeannine, c'est Dumas fils. Celle-là est dépensière, prodigue, généreuse, primesautière ; ses actes sont spontanés et irréfléchis. Celle-ci prépare de loin ses moindres déterminations, ne parle qu'en connaissance de cause et semble avoir déjà fait provision d'expérience. Un exemple très caractéristique montrera la diversité ou plutôt la différence de ces deux natures :

Quand on donne de l'argent à Colette, elle le dépense aussitôt en achats qu'elle distribue à toute la maisonnée. Personne n'est oublié. Depuis le père et la mère jusqu'au chien et au chat, chacun a sa part de ses largesses. Jeannine, au contraire, amasse, entasse et thésaurise. Et le jour où la somme est ronde, elle s'en va, sans rien dire, acheter des obligations chez un changeur. Elle est, m'a-t-on dit, une des bonnes clientes de Monteaux. Colette est désordonnée jusqu'à la négligence. Jeannine est ordonnée jusqu'à la manie.

Si, à table, la carafe est près d'elle et qu'on ait négligé de la coiffer de son bouchon de cristal, elle n'a pas de cesse qu'elle n'ait réparé cet oubli. Colette, elle, ôtera en bavardant le liège qui surmonte la bouteille de vin, s'en amusera, et finalement, le jettera dans un coin sans se soucier que le bordeaux s'évente.

En dépit de cette dissemblance, je ne connais pas de plus aimables enfants, et bien que Jeannine ait accueilli mes avances avec une froideur et une réserve britanniques, je la place au même degré que sa sœur sur l'échelle de mes sympathies. J'ai d'ailleurs une certaine vénération pour le stoïcisme de Jeannine qui, en découpant son beefsteak, s'est blessé le doigt et n'a pas pleuré. Elle s'est bornée à se traiter elle-même de maladroite et a considéré son entaille avec le sourire méprisant qu'opposaient à toute souffrance les disciples de Zénon. J'ai cru qu'elle allait s'écrier avec eux : « O douleur, tu n'es pas un mal! »

Alexandre Dumas me dit à ce sujet :

— J'ai, de bonne heure, habitué mes filles à supporter courageusement tous les bobos. Ainsi, dès qu'elles commencèrent à marcher et firent les chutes inévitables des babys à leurs premiers pas, je leur persuadai que le sol était l'offensé, et j'appelai sur lui la sensibilité qu'elles étaient tentées de mettre au service de leurs horions. C'est pourquoi, il y a peu d'années encore, vous eussiez pu entendre Colette et Jeannine s'écrier, dès qu'elles s'étaient laissées choir :

« O terre, pardonne-moi la bosse que j'ai dû te faire ! »
et j'ai eu, longtemps, beaucoup de peine à les empêcher de frotter avec de l'arnica ou de l'eau sédative la
place où elles s'étaient étalées.

Dès qu'elle sut écrire, — elle avait six ans !— l'aînée
consigna tous les soirs ses impressions sur un énorme
cahier. Son père a constamment veillé à ce qu'elle
tint « au courant » ce journal quotidien. C'est là que,
depuis huit ans, Colette couche, dans une langue qui
s'est épurée insensiblement, ses jugements et son
sentiment sur tout ce qui la frappe. On y trouverait
de bizarres comptes rendus de pièces, car Colette raffole des spectacles à un point tel que Dumas dut
combattre par un moyen énergique ses appétits insa-
tiables de comédie... Il se souvint du système adopté
par les confiseurs pour dégoûter des bonbons leurs
demoiselles de magasin et leur ôter à jamais l'envie
d'en dérober à leurs patrons. Il annonça un matin à
Colette qu'elle irait au théâtre trente fois de suite.
Joie de la fillette ! Le premier soir, elle vit *Tricoche et
Cacolet* et rit de tout son cœur. Le deuxième, elle
assista à la représentation d'adieu de Régnier au Théâtre-Français et se montra ravie. Le troisième, elle
fut conduite au Théâtre-Cluny et parut moins enchantée. Néanmoins elle tenait bon. — Et pourtant,
ces veillées successives commençaient à pâlir son
visage et à étirer ses traits. Le quatrième soir, elle se
rendit au Châtelet. Elle dormait sur sa chaise... Et

son père avait le courage de la secouer, de la pincer
même, en lui disant :

— Écoute comme c'est beau !

En rentrant, Colette demanda grâce. Et, comme les
confiseuses écœurées par les fondants qu'on leur permet d'ingurgiter à bouche que veux-tu, elle était entrée
dans la période de l'indigestion. Dumas triomphait...
mais il avoue aujourd'hui que l'épreuve lui causa les
plus cruelles inquiétudes : il risquait la vie de l'un des
êtres qu'il aime le plus au monde !

Jeannine n'a pas encore manifesté ce penchant.
Elle a jusqu'ici préféré les poupées au théâtre. Celle
qui fait actuellement ses délices est grande comme
nature. Somptueusement habillée, couverte de valen-
ciennes et coiffée d'un bonnet garni de rubans roses,
elle a, sur son matelas de piqué blanc, l'apparence
d'un vrai bébé. Et comme la gouvernante la tient dans
ses bras avec mille précautions lorsqu'elle accompagne Jeannine à la promenade, il arrive souvent que
des amis abordent Dumas en lui disant :

— Mes compliments, mon cher, votre troisième
enfant m'a paru superbe. Est-ce un garçon ? Comment s'appelle-t-il ?

Et Dumas de répondre d'une voix caverneuse :

— Il n'est pas de moi... Demandez à son père,
Giroux, boulevard des Capucines !

Le déjeuner touchait à sa fin. J'avais pu constater

que l'auteur des *Idées de madame Aubray* possède un bel appétit, un appétit de famille. Je lui avais même exprimé ma surprise de lui voir couper son vin d'eau minérale, — indice d'une digestion laborieuse.

— Quelle eau buvez-vous donc ? lui demandai-je.

— De l'eau ordinaire... Mais remarquez que la bouteille qui la contient est d'une forme à part et qu'une superbe étiquette entoure ses flancs. Tout est là, mon cher. Un jour mon estomac, qui est habituellement bon garçon, me chercha querelle. « Je sais ce que le gaillard désire, me dis-je. Il voit qu'on prodigue des eaux minérales à tous ses collègues, il est jaloux et il se révolte. Je vais être plus malin que lui. » Et depuis, je lui sers de l'onde pure préalablement versée dans une vieille bouteille d'eau de Vichy. Il boit ça de confiance, se tient pour satisfait et se conduit comme un ange.

Nous avions pris du café... A ce moment, le domestique entra. Il portait un plat grand comme un bouclier, rempli jusqu'aux bords de pain émietté.

— Ah ! ah ! fit Dumas, mes oiseaux s'impatientent...

— Vous avez une volière ?

— Une volière énorme... Venez la voir.

Nous passâmes dans la bibliothèque, dont il ouvrit les fenêtres, qui donnent sur le petit jardin de l'hôtel. Des légions de moineaux braillards arrivèrent, qui se perchèrent sur les arbres dénudés des environs. Les plus hardis s'abattaient à deux pas de nous ou saisissaient au vol les miettes que le maître lançait dans l'espace.

— Je les reconnais presque tous, fit-il. Tenez, celui que vous voyez là perché sur ce rosier, à droite, est un vrai gamin de Paris. Il ressemble au titi, qui, le matin de ma première du *Fils naturel*, m'arrêta sur le perron du Gymnase et me réclama une place en me disant :

— J'ai droit à un « service », je n'ai jamais connu mes parents !

Les moineaux repus, nous montâmes à la vaste galerie de tableaux du premier étage par un escalier dont le tambour disparait littéralement sous les toiles qui le garnissent.

La plus originale de ces peintures est le portrait de Victor Hugo à vingt ans, par Dévéria.

On se fera une idée de la quantité de chefs-d'œuvre entassés dans cette demeure, quand on saura que son illustre locataire a dû reléguer dans ce recoin des Diaz, des Corot, des Daubigny, qui, du moins, jouissent là d'un jour excellent. L'enchantement touche à l'extase dans le *hall* immense garni, des plinthes aux corniches, de tout ce que l'école française moderne a produit de plus étonnant. J'userais des rames de papier à énumérer les Meissonnier, les Millet, les Rousseau, les Dupré appendus aux murs.

Toute médaille a son revers. Si le goût d'Alexandre

Dumas pour la peinture lui procure d'exquises jouissances, elle lui attire des ennuis nombreux. Les barbouilleurs sans renom, les rapins sans ouvrage, les sculpteurs sans commande affluent chez lui. Tous se plaignent de la dureté des temps, pleurent la misère et crient la faim. Le maître, qui a l'âme la plus compatissante que je sache et s'étudie à faire le bien discrètement, se laisse toujours fléchir. Les pauvres diables qui font appel à son bon cœur s'en retournent satisfaits, — car s'il ne leur met pas toujours beaucoup d'or dans la poche, il leur met, du moins, beaucoup d'espérance dans le cœur.

Tous ne subissent pas la salutaire influence de ses conseils et le charme de sa parole. Un jour, il reçut la visite d'un paysagiste qui lui soumit un fusain remarquable.

— C'est très beau ! s'écria Dumas : je vous achète ça. Combien en voulez-vous ?

— Cela n'a pas de valeur, dit le dessinateur, parce que je suis vivant, mais quand je serai mort cela en aura... Donnez-moi cent francs.

— Les voilà !.. mais, croyez-moi, ne parlez pas ainsi : travaillez, vous arriverez...

Le soir même, Dumas apprit que le paysagiste était rentré chez lui après l'avoir quitté, avait soldé ses dettes avec ses cent francs et s'était brûlé la cervelle.

Il y a aussi ceux qui apportent un panneau à notre académicien et lui tiennent ce langage :

— Je ne vous propose pas de m'acheter ce tableau, mettez-le seulement en loterie : vous avez beaucoup de relations, vous placerez les billets facilement...

Dumas consent et avance la somme à l'artiste besoigneux. Puis il découpe cinquante carrés de papier, les orne de jolis numéros, en prend la moitié pour lui et propose les autres à ses connaissances. Mais ce qui réussit cent fois lasse à la cent unième. Dumas en est pour des offres vaines. Il soupire et prend encore dix numéros. « J'écoulerai bien les quinze qui me restent », se dit-il. En effet, survient un visiteur qui se laisse tenter, — mais cinq, six mois se passent sans qu'un autre amateur soit séduit.

Le monsieur qui a pris un numéro assiège Dumas de lettres où il lui demande en termes pressants :

— Quand tirez-vous la loterie ?

S'il le rencontre, il lui crie de loin, en plein boulevard :

— Et cette loterie ? Est-ce pour bientôt ?

De guerre lasse, et pour se débarrasser du fâcheux, Dumas prend les quatorze billets restants, — ce qui lui en adjuge quarante-neuf sur cinquante. Il procède alors au tirage et, — le hasard n'en fait pas d'autres ! — c'est le monsieur au billet unique qui gagne le tableau.

J'ai dit tout à l'heure que l'auteur du *Demi-Monde* a beaucoup de dessins de Meissonnier. Le plus intéressant est sans contredit celui qui représente « un intérieur d'atelier ». On y voit, posant devant son mari, la femme qui a inspiré l'*Affaire Clémenceau* au romancier. C'est un cadeau que fit le grand peintre au grand littérateur, — quelque temps après l'apparition de son fameux livre, — et c'est sur son injonction réitérée que l'artiste a écrit au bas de son aquarelle : *A mon ami Dumas.*

— Pourquoi ne vouliez-vous pas tracer cette dédicace ? lui disait Alexandre.

— Mon cher, fit Meissonnier, les dessins avec dédicaces se vendent moins cher que les autres.

— Mais je ne veux pas vendre le vôtre !

— Vous êtes donc bien riche ?

Dumas possède parmi ses toiles des compositions merveilleuses qu'il a acquises pour rien et qui valent aujourd'hui des sommes fabuleuses. Il met à dire qu'il a toujours été brocanteur et connaisseur une certaine coquetterie.

— Le métier qui m'eût donné le plus de satisfactions, avoue-t-il, est celui de marchand de bric-à-brac. Spéculer sur de jolies choses, voilà le plus aimable et le plus productif des passe-temps ! Rien de bête et de fastidieux comme de vendre des chandelles ou des brosses à dents ; mais des Raphaël, des Corot, de vieux ivoires, ou de vieilles tapisseries !... Si jamais je m'aperçois que mes facultés s'affaiblissent, si, — malin comme Rossini, — je sais m'arrêter à temps, — pas trop tôt et pas trop tard, — je monte un colossal magasin d'objets d'art. C'est, — croyez-moi — le commerce par excellence. Vivre avec des chefs-d'œuvre dans le passé et dans le présent, les avoir sous les yeux, respirer leur vénérable poussière, les échanger ou s'en défaire à bon compte quand on est soûl de les admirer, en racheter et en contempler de nouveaux, quel rêve ! Et puis, il y a les surprises, les hasards. N'est-il pas flatteur de voir entrer chez soi un Rothschild qui vous paye 10,000 francs le vase unique qu'on a déniché en province, dans l'étroite ruelle d'une sous-préfecture, chez un vieux marchand de ferraille qui vous en a demandé trois francs pour être sûr d'en avoir trente sous !... Ah ! quelle fortune douce et facile ! C'est là qu'est l'indépendance achetée, non par de durs labeurs, mais par d'indicibles jouissances ! J'en sais quelque chose, moi : j'ai eu du flair de bonne heure et j'ai une galerie depuis longtemps ; aussi ai-je pu répondre, il y a quinze ans, à Montigny, qui me conjurait de faire une pièce dont le sujet me répugnait, et qui alléguait, pour battre mes résistances en brèche, que cette pièce me rapporterait 150,000 francs : « Si j'avais absolument besoin de 150,000 francs, je vendrais dix de mes tableaux... Je préfère trafiquer sur l'art des autres que sur le mien. »

A côté des toiles payées au poids de l'or par Dumas et de celles qu'il a su acquérir à vil prix, j'en vois qu'il a gagnées au billard. — Au billard ? — Oui, au billard. Vous avez bien lu.

L'immense salon, qui absorbe tout le premier étage, avec les appartements de madame Dumas et de ses filles, contient pour uniques meubles : une table énorme sur laquelle gisent brochures, albums et croquis, — un piano d'Erard, — un colossal divan qui coupe la pièce en deux dans sa largeur, et enfin un billard de petite taille. Le billard est le délassement favori de l'académicien. Il en connaît à peu près les ruses et les détours et met à battre ses adversaires un amour-propre qui rappelle les prétentions d'Ingres sur le violon. Je crois que Dumas s'intéresse autant au succès d'une partie où il est engagé, qu'à la réussite d'une de ses pièces. Son jeu est sûr, mais je prétends (et je le dis ici au risque de me brouiller avec l'illustre modèle de cette ébauche), — je prétends qu'il manque d'élégance. On dirait qu'il lui a été appris par le propriétaire d'un estaminet, et non par un de ces amateurs fantaisistes et brillants dont M. Sencier, l'ancien sénateur, est le type le plus accompli. C'est dans les familiers de sa maison que Dumas trouve sa galerie et ses partenaires ordinaires. Ils s'appellent : Lavoix, Denayrouse, Protais, Philippe Rousseau, Vollon et Meissonnier.

Vollon, en fanatique, vient parfois relancer le maître à huit heures du matin, et ils se livrent tous deux

aux joies du carambolage. Mais, — comme on dit vul-
gairement, — ils ne se contentent pas de jouer la
gloire. Dumas aime les natures mortes. Vollon aime
les livres rares. Les sphères d'ivoire, en se heurtant
plus ou moins savamment, enrichissent la galerie de
celui-là et la bibliothèque de celui-ci. Meissonnier apporte dans ces parties autant d'animation et de vanité
que son adversaire. Aussi c'est un duel terrible avec
feintes, embûches, surprises et coups de Jarnac. L'importance de la gageure explique d'ailleurs les phases
de cette lutte saisissante.

— Un manque de touche, et je perdais cinquante
mille francs, disait Alexandre à la fin d'une partie où
il avait joué le bijou qui s'appelle, je crois, LE PEIN-
TRE, contre deux Millet d'une valeur équivalente.

J'ai, après le déjeuner que j'ai conté plus haut,
accepté l'offre d'une partie liée en trente points, et,
en commensal bien élevé, j'ai laissé gagner la bataille
à mon hôte. Mais c'est une amorce. — Je médite de
me rendre un jour chez lui avec les quelques pochades
qui composent mon Louvre privé et de les risquer
contre certains Tassaert et quelques Fromentin qui
m'ont violemment tiré l'œil... Je pense gagner ainsi,
une à une, les toiles magistrales qui composent le
musée de l'avenue de Villiers, et quand j'aurai enlevé
à Dumas ses 400 tableaux, je tâcherai d'avoir ses
émaux ; après ses émaux, ce sera le tour de ses
dessins de Bida, de ses croquis de Prudhon, de ses

terres cuites de Carpeaux, de ses bronzes de Leroux, de ses marbres de Houdon. Je ne m'arrêterai que quand Dumas me demandera grâce pour ses meubles !

C'est après ses repas surtout qu'Alexandre aime à se livrer à sa passion pour les « coulés » et «les quatre bandes.» Madame Dumas et ses filles causent dans un coin avec Charles Narrey. D'autres intimes, debout autour du billard, jugent les coups, et comme ce jeu n'exige pas la contention d'esprit voulue par le wisth, l'esprit parisien n'abdique pas ses droits. C'est un feu roulant de calembours, de plaisanteries et de nouvelles à la main. Certains soirs, l'épicurien Nisard, le frère du grand Nisard, jette sur cette folle gaieté des aperçus philosophiques et des citations latines, — mais Chamfort finit toujours par l'emporter sur Tacite. Bref, c'est un milieu exquis, où les plus sots deviendraient spirituels. A preuve, le mot charmant de certain mari qui a épousé jadis une jeune fille, — d'une laideur inimaginable. Ce mari voit sa moitié telle qu'elle est. Comme il se retirait l'autre soir, Dumas lui dit :

— Embrassez bien votre femme pour moi.

— Soit, répondit-il en soupirant, mais c'est bien parce que c'est vous !

Il y a aussi dans cette phalange joyeuse un petit mondain qu'on a surnommé *Godillot*, parce que, pareil à cet illustre décorateur, il est de toutes les

fêtes. C'est lui qui apporte « en ce lointain séjour » les
nouvelles de la ville et les menus potins des boulevards.

L'entretien prend souvent un tour sérieux. On fait
son procès au dernier drame représenté, au dernier
livre paru ou à la dernière séance de la Chambre ;
mais, qu'elles soient graves ou frivoles, les conver-
sations cessent vers dix heures. A ce moment, Dumas
fait sentir à ses hôtes que « Morphée l'accable de ses
pavots ». Il bâille, et chacun de courir à son pardessus. Il en est parfois qui protestent. Le maître reste
inflexible. Ainsi que je l'ai vu faire au château du Chemin par l'aimable M. Singer, — qui professe également
l'horreur des veilles, — il éteint une à une toutes les
lampes, et les récalcitrants se trouvent subitement
dans les ténèbres. Il leur faut se retirer à tâtons et entendre l'ironique bonsoir que Dumas, son flambeau
à la main, leur jette du troisième étage où est située
sa chambre à coucher, — l'empire d'Alexandre !

Il est d'un aspect vraiment étrange, ce retiro, juché
sous les toits, à côté de la lingerie. Sur le marbre de la
cheminée, le buste de feu mademoiselle Desclée, et
dans le cadre de la glace des portraits-cartes ornés
d'autographes, des vélins surchargés d'invitations,
des tickets d'entrées aux courses, dans les musées,
etc. Aux murs, des dessins, des aquarelles, de
vieilles gravures, le portrait à la gouache de Marie
Duplessis, la Dame aux Camélias. Sur les consoles,

des terres cuites que Clodion a modelées, avec une
fidélité... croustillante.

Au nombre des pièces remarquables de ce musée
secret, j'aperçois une bacchante affolée qui se tord
dans un spasme de volupté. Ce chef-d'œuvre était
depuis longtemps la propriété d'une honnête mère de
famille qui ne se doutait pas de sa valeur et l'avait
relégué, pour le soustraire aux regards de ses filles,
dans un placard obscur. Mis sur la piste de cette
merveille, Dumas entre en pourparlers avec la dame,
lui en donne le prix insignifiant qu'elle demande et
veut emporter sa trouvaille.

— Mais c'est impossible, dit la vendeuse, l'armoire
où j'ai enfermé la bacchante à triple tour se trouve
dans la chambre de mes filles. Or, mes filles ne quittent jamais leur chambre... vous comprenez...

— Parfaitement. Eh bien, faites sortir ces demoiselles.

— Elles sont grippées...

— C'est fort ennuyeux, madame. Je tiens absolument à entrer en possession immédiate de mon achat,
disait Dumas en se lamentant.

— Je ne vois qu'un moyen. Venez ce soir, à onze
heures, mes filles seront endormies, nous opérerons
l'enlèvement.

— Il fallait voir la scène, me contait Dumas. Je
marchais sur la pointe du pied, la mère m'éclairait,
nous parlions par gestes. Au bruit que fit la clef dans

la serrure du placard, une des dormeuses soupira,
nous éteignîmes la bougie ; il fallut la rallumer. Enfin
l'armoire est ouverte, je prends la terre cuite, je jette
sur ses charmes trop éloquents un grand foulard
rouge, et je me retire à pas comptés, retenant ma res-
piration, et pestant *in petto* contre les craquements
de mes bottes... j'avais justement des bottes neuves
ce jour-là !... Enfin, que vous dirai-je ? Je crois, —
grâce à cette opération, — que je volerais maintenant
un buffet plein de vaisselle, sans qu'on s'en aperçût,
avec l'adresse du filou le plus expert, et que je ren-
drais des points pour le rapt d'une chaîne de montre
au roi des pick-pockets.

Deux cabinets de toilette latéraux déterminent un
vide où l'on aperçoit le lit du maître, — un lit large
et bas que cache, en manière de couverture, un moel-
leux carré d'étoffe de Smyrne.

Au fond de l'alcôve trois cadres, contenant : le premier, le portrait du général Davy-Dumas, son grand-
père ; le second, le portrait d'Alexandre Dumas, son
père, et le troisième... le troisième, d'une extrême
simplicité, contient un petit croquis à la mine de
plomb représentant une morte : c'est la mère d'A-
lexandre Dumas fils.

Je n'ai plus rien à dire : j'ai pris mon héros au saut
du lit, je le quitte au moment où il va s'y remettre ;
ma tâche est finie.

2.

AMBROISE THOMAS.

Les flâneurs ordinaires du boulevard des Italiens ont tous croisé sur la portion de bitume comprise entre la rue Drouot et la rue Lepeletier, un homme à barbe grise et à visage sombre, avançant lentement le long des boutiques et s'arrêtant d'un air distrait devant les vitrines...

J'ai, moi-même, — alors que j'ignorais la qualité et le nom de cet étrange boulevardier, — été frappé de l'expression doucement triste de sa figure, et je me suis demandé, — comme tout observateur doit le faire, — quelle pouvait être la condition de ce promeneur au regard errant et quasi désespéré. Je n'avais pu encore doubler le cap du diagnostic, quand, un jour, sortant du passage de l'Opéra au bras d'un jeune musicien de mes amis, nous heurtâmes l'inconnu qui accueillit nos excuses avec une politesse et une courtoisie de très grand ton.

— Un peu plus, et je renversais *Sombraccueil,* me dit plus loin mon camarade.

— Sombraccueil ?

— Eh oui ! c'est le nom d'Ambroise Thomas, au Conservatoire.

— Alors l'individu que nous avons bousculé...

— N'est autre que l'auteur du *Caïd*.

Depuis, j'ai eu l'honneur de me lier avec le savant mélodiste et j'ai pu me convaincre que certains visages démentent singulièrement les lois de la physiognomonie. M. Ambroise Thomas cache, sous des dehors légèrement farouches, un naturel accessible, liant et serviable. Son excessive modestie, son intégrité et la droiture de ses principes impriment à ses façons une allure réservée et discrète qu'on est, au premier abord, tenté de prendre pour de la fierté et de la raideur. Mais quelques minutes de conversation avec l'auteur d'*Hamlet* suffisent pour réduire ces impressions à néant.

La vie menée par l'académicien est du reste pleine d'enseignements... Il habitait autrefois seul, sans domestiques, sans chats ni chiens, rue Saint-Georges, 5, un petit appartement merveilleusement garni de bahuts, de faïences et de mille objets d'art achetés par lui, à l'hôtel des ventes, dans ses moments de loisirs. Il a notamment, pour les cabinets italiens, un faible qui l'a fait appeler par ses amis « le courrier des cabinets ». Le plus curieux de ses bibelots est une table qui se transforme à volonté en piano ou en bureau. On conçoit l'utilité d'un tel meuble pour un compositeur...

M. Thomas se sent-il en verve? Vite il presse un ressort qui amène sous ses doigts un clavier qu'il con-
sulte, et, s'il est content de son inspiration, il presse
un autre ressort qui fait disparaître le clavier et met
en son lieu et place une tablette où il y a « tout ce
qu'il faut pour écrire », tout ce qu'il faut pour fixer
sa pensée.

Ambroise Thomas se pourrait passer de cette intel-
ligente machine, vu que l'un des côtés spécialement
curieux de sa belle organisation est une mémoire prodigieuse. Ce détail m'amène à vous parler d'*Hamlet*.

Cette partition n'a été terminée qu'en 1867, sous
le toit d'une petite villa voisine d'Argenteuil.

Depuis, grâce à d'incessantes acquisitions de ter-
rains, la petite villa est devenue une propriété
seigneuriale, dont l'illustre compositeur a fait un
véritable musée.

Sans un hasard, *Hamlet* serait encore à paraître;
car M. Thomas ne pouvait mettre la main sur une
Ophélie qui répondît aux exigences lyriques du rôle.
Or donc, le maestro passait rue Vivienne, lorsque
l'éditeur Heugel le pria d'entrer dans son arrière-
boutique, où, — cela ne vous surprendra pas, — se
trouvait un piano tout ouvert.

M. Thomas s'assit sur le tabouret placé devant l'instrument et se mit à jouer son *Hamlet* d'un bout à
l'autre, sans en oublier une mesure.

— Que c'est beau ! disait Heugel transporté, je

vous achète ça ce que vous voudrez ! mais quand le ferez-vous jouer, ce chef-d'œuvre ?

— Quand j'aurai une Ophélie.

En ce moment mademoiselle Nilsson montra son doux et joli visage par la porte entre-bâillée.

— Voilà l'Ophélie demandée, dit Heugel, moitié riant, moitié sérieux.

Une heure après, M. Perrin entrait en pourparlers avec la prima-donna suédoise, et le lendemain commençaient les répétitions de l'ouvrage acclamé par l'univers entier.

M. Thomas est un des hommes les plus dérangés de Paris ; du matin au soir, rue Saint-Georges, sa sonnette était assaillie par les fâcheux ; aussi, pendant les répétitions d'*Hamlet*, le directeur de l'Opéra exigea que le maître vînt habiter une pièce de son appartement, où il fut enfermé avec un piano et deux caisses de cigares (vous ai-je dit que M. Thomas fumait toujours ?). Il demeura prisonnier dans l'intérieur de l'Académie qui était alors impériale, travaillant à l'abri des importuns. On fut quelque peu surpris de sa disparition au restaurant de l'hôtel Laffitte, où il courait alors chaque matin consommer deux œufs sur le plat et donner aux habitués de la maison l'exemple d'une sobriété monacale. Bref, le prisonnier n'eut sa liberté que le lendemain du grand soir ; et comme on lui demandait de refaire la scène de madame Gueymard, il répondit de sa voix la plus suppliante :

— Je croyais *mes deux mois finis...*

Aujourd'hui qu'il est directeur du Conservatoire, M. Thomas serait encore plus dérangé s'il n'avait pris une mesure énergique. La rue Saint-Georges et l'hôtel Laffitte ne le voient plus, attendu qu'en sa qualité de successeur d'Auber il habite le Conservatoire. Or, sa porte n'y est ouverte que deux fois par semaine, le mardi et le samedi, à une heure, et il se hâte de la refermer... soixante minutes après.

J'ai vu M. Thomas vingt-quatre heures après la première représentation d'*Hamlet*, et le mot pittoresque dont il se servit rend bien les tourments et les angoisses qui précèdent les batailles livrées au public par l'étude et le talent :

— Je sens aujourd'hui, me dit-il, la douce jouissance que doit éprouver un goujon qu'on sort de la friture.

Je contai alors au triomphateur que toutes les bouches chantaient dans Paris sa science et son génie, et il me répondit par cette phrase qui suffit à peindre un homme :

— Ah ! cette Nilsson a un bien grand talent !

La modestie de M. Thomas l'a fait présenter par certains comme un être fluctuant, et toujours plongé dans le doute au sujet de ses productions. Je crois, pour mon compte, que ses idées sont très arrêtées. Seulement il craindrait de paraître vain et orgueilleux s'il affirmait par avance son infaillibilité. Aussi, quand, aux répétitions, on l'abordait en lui demandant :

—Que pensez-vous de ce chœur, de cette romance, de ce trio ?

Il répliquait comme *Hamlet*, son héros :

— Que sais-je ?... Peut-être !... Croyez-vous ?

Et autres réponses évasives.

Ces paroles, dans la bouche d'un savant, sont au moins dignes d'éloges... Vous n'ignorez pas que M. Thomas est l'homme le plus ferré du monde sur la matière musicale. Mozart est, de tous les génies qu'il connaît à fond, celui pour lequel il professe le culte le plus ardent.

Pianiste d'un grand talent, l'auteur de *Mignon* tient sous le charme de son jeu coloré, tendre ou tumultueux, ceux qui l'écoutent.

Un soir, au dessert du fameux « dîner de Rome » (agapes fondées depuis longtemps pour réunir autour d'une même table, tous les ans, les prix de Rome de 1825 à 1835), un soir, dis-je, il joua je ne sais quelle mélodie plaintive et désolée sur le plus méchant clavecin du cabaret. La plupart des assistants émus se prirent à pleurer : l'un d'eux, surpris par l'exécutant les larmes aux yeux, lui dit en l'embrassant :

— Tu vois, Ambroise, je pleure...

— Ça ne m'étonne pas, dit en souriant le maître, avant de jouer mon lamento, j'ai frotté mes doigts avec de l'oignon...

La vérité est que M. Thomas emprunte le charme et l'autorité de son talent d'organiste (je pourrais dire d'instrumentiste, car tous les instruments lui sont familiers) à sa constitution essentiellement nerveuse. « *Il sent double*, » prétend un médecin de ses amis, et, qu'il compose ou qu'il exécute, son âme est « de la fête. »

On faisait remarquer à Lesueur, son maître, que Thomas était le 7ᵉ élève de sa classe qui avait obtenu le prix de Rome.

— C'est vrai ! dit le professeur, il est le 7ᵉ !... Thomas est vraiment ma *note sensible*.

Tout impressionnable qu'elle soit, on a vu cette nature de sensitive déployer, en maintes circonstances, une rare énergie. On se souvient du zèle et du courage du garde national Thomas en 48. Il advint même que, dans une tournée avec son bataillon, le maëstro passa sous les fenêtres de Sauvage, son collaborateur, avec lequel il devait travailler ce jour-là, et qui guettait à la fenêtre son arrivée.

— Mon vieux Sauvage, lui cria Ambroise en agitant son fusil, voilà l'instrument sur lequel je dois *composer* aujourd'hui ! et avec celui-là on fait de la musique qui n'a pas besoin de paroles !

Je veux finir par un détail quelque peu hardi. Au point de vue... galant, M. Thomas est la discrétion même. Or, on prétend que pour avoir beaucoup de bonnes fortunes il suffit d'être discret. Donc, M. Ambroise Thomas...

3

SOPHIE CROIZETTE.

J'ai connu jadis, aux environs de Paris, un bon et brave curé qui était l'aménité même. Son geste avait l'onction épiscopale, et sa parole lente et douce résonnait aux oreilles des affligés comme une apaisante mélodie... On comprenait, à l'entendre, la légende de David dissipant, aux sons de sa harpe, les noires mélancolies du roi Saül.

Un soir, qu'après dîner, nous devisions assis sur la berge de la Seine, ce prêtre me dit du ton simple et contenu qui lui était propre :

— J'ai été maréchal-des-logis-chef au troisième cuirassiers. Un jour que j'étais pris de vin, j'eus la douleur de tuer en duel un camarade qui m'avait pris une maîtresse.

Vous comprenez la surprise que me causa cette confidence... Eh bien ! je ressentis une impression identique, quelque dix ans plus tard, lorsque, pendant un entr'acte de *Jean de Thommeray*, j'allai complimenter mademoislle Croizette sur son interprétation de la courtisane Baronnette. Elle me parla de son enfance, de son éducation, et finit en me disant :

— Il s'en est fallu d'un rien que je fusse institutrice !

Institutrice ! Elle ! Quel crime ! Institutrice, la *Catherine* de *l'Étrangère !* Institutrice, la *baronne d'Ange !* Institutrice cette belle créature qui résume toutes les séductions et démontre que Vénus n'a pas péri dans le naufrage du monde païen !... Soyez sincères : voyez-vous Croizette avec des lunettes bleues, une grammaire à la main et mouchant des nez morveux ? Non, n'est-ce pas ? Donc, tout est pour le mieux. Et nous savons gré au théâtre d'avoir ravi à l'enseignement cette silhouette étrange — mieux faite pour les feux de la rampe que pour les quinquets d'un pensionnat.

Le portrait de Croizette n'est pas une besogne facile. Aucun de ses traits n'a la régularité mathématique à laquelle s'adaptent les expressions consacrées. L'œil est petit, et le nez est important. Le dessin de la bouche est épais et tourmenté. Le galbe du visage n'a pas l'ovale classique. Et pourtant, quelle harmonie et quel charme résultent de cet assemblage incorrect ! Tout, depuis certaine cassure de sa voix de contralto, jusqu'à l'éclair riant ou sauvage de ses yeux bruns — tout appelle l'attention sur cette femme dont l'originalité est saisissante. Ceux qui se contentent de définitions laconiques disent à son sujet :

— Elle est moderne.

Ou :

— Elle a un tempérament.

Ou encore :

— C'est une nature.

Nous qui préférons des termes précis à une creuse brièveté, nous présenterons Croizette ainsi :

— Pétersbourgeoise transplantée toute jeune à Paris dans un milieu intelligent, elle trahit ses trois nationalités qui sont : la Russie, la France et l'Art.

Un soir de fête, alors qu'elle demeurait rue de l'Echelle, nº 8, on avait allumé les bougies du lustre merveilleux suspendu au plafond de son salon. Croizette contemplait amoureusement l'effet exquis de cette ancienne ferronnerie vivement éclairée.

— Que faites-vous donc ? lui demanda un de ses amis.

— Mon cher, répondit-elle gaiement, mes trois « moi » sont en extase. La Cosaque regarde avec envie une collection de chandelles, la Parisienne se grise de l'éclat des lumières et l'amante du beau considère une vieille œuvre d'art.

Restons dans ce salon dont les portes ne s'ouvraient que pour de rares fidèles — les membres du Croizette-club ! Là se rencontraient presque tous les jours, de quatre à six heures, MM. Perrin, administrateur général de la Comédie-Française, le prince Radziwill, le chevalier Nigra, le baron de Beyens, le baron Finot, et les financiers Stern, Joubert et Martini. Pas de journalistes, pas de peintres, pas de musiciens.

On y faisait de l'esprit autant qu'à l'hôtel de Rambouillet et, pour n'y pas montrer la célèbre tenture bleue étoilée d'argent du salon d'Arthémise, les murs n'en étaient pas moins intéressants à examiner. Le pinceau de Carolus Duran et celui de Jadin s'étaient chargés d'y attirer et d'y retenir les regards des amateurs. Les meubles bas étaient recouverts d'étoffes d'Orient. Dans un coin, j'aperçus le bureau de l'artiste dissimulé derrière un treillage d'or, aux losanges duquel s'accroche la grasse frondaison de quelques plantes tropicales. Sur le buvard, une lettre terminée à l'instant...

Croizette n'aime pas écrire, et, par une de ces contradictions que je laisse aux graphologues le soin d'expliquer, son écriture est colossale... Sa plume paresseuse fait deux fois plus de chemin qu'il ne faut, car les caractères qu'elle trace ne mesurent pas moins d'un centimètre de hauteur! Le seing des rois atteint seul de telles proportions... Enfin, le paraphe est magistral, hardi.

— A votre place, lui a dit Dumas, je demanderais dans mon testament que le marbre de ma tombe eût pour toute inscription cette signature originale...

Mademoiselle Croizette compte suivre ce conseil... Elle en a déjà parlé au marbrier.

Je ne vous retiendrai pas longtemps dans les autres pièces de ce domicile délicieux. Croizette possède aujourd'hui un hôtel avenue du Bois de Boulogne. Elle y voit grandir sa renommée... et un fils charmant qui lui est né il y a deux ans. Nous jetterons

un rapide coup d'œil dans la chambre à coucher ten-
due de satin bleu et garnie d'un mobilier Louis XVI,
blanc à filets bleus. Nous constaterons dans la bibliothèque d'ébène la présence des œuvres d'Hugo,
de Balzac, de Voltaire, de Musset, et le théâtre
d'Alexandre Dumas fils, relié en galuchat — cette peau
de serpent qui, aux veines d'or près, rappelle le lapis-
lazuli. Nous regarderons dans le cabinet de toilette la
psyché et le secrétaire de mademoiselle Mars, acquis
dans une vente à Versailles — et après une caresse
aux trois chiens, aux quatre chats et à la perruche,
qui me paraissent les véritables maîtres du logis,
nous nous rendrons au Théâtre-Français, dans la loge
de la jeune sociétaire.

On a décrit souvent des loges d'actrices... Je ne
sache pas qu'on ait jamais introduit le lecteur dans
une de celles que la maison de Molière réserve à son
personnel. Nous ne trouvons pas, rue de Richelieu, les
cabanons enfumés et fétides des autres théâtres. Ce
sont de jolies pièces aérées, spacieuses et transfor-
mées, par les soins de tapissiers habiles, en boudoirs
élégants.

La loge de Croizette se distingue des autres, en ce
sens qu'elle ne vise pas le genre « mignard ». Ses parois garnies de coutil rayé lui donnent l'aspect d'une
tente militaire. C'est là que l'artiste se prépare à la
bataille. Comme un général médite, avant l'action,
ses marches et ses plans, elle médite ses intonations

et prépare ses effets. Elle s'arrêtera tout à coup, la figure barbouillée de blanc de perles et les mains enduites de pâte, pour redire une tirade dont elle n'est pas sûre. C'est devant ses glaces à inclinaisons combinées qu'elle étudia l'émouvante agonie du *Sphinx*, que les mauvaises langues du crû appelèrent une « mort aux champignons ».

Et puisque je viens de toucher au chapitre des petites guerres locales, je veux noter ici que nulle plus que Croizette ne trouva, dès son entrée dans la maison, de froideur et de mauvais vouloir (côté des dames, s'entend). Aujourd'hui, la « bonne fille » s'est fait pardonner sa beauté et ses succès, mais à ses débuts, elle vit se renouveler les luttes sourdes et les traits acérés qui accueillirent jadis mademoiselle Plessy, dans laquelle « les anciennes » d'alors avaient flairé une rivale et deviné une étoile. Croizette opposa une inaltérable sérénité aux menées perfides et aux médisances souterraines... Une fois seulement elle se départit de son calme.

Une sociétaire, dont la plastique est aussi indigente que la sienne est millionnaire, dit à la fin d'une répétition :

— Certes, Sophie a quelques moyens... mais elle ignore son métier... elle n'a pas encore l'habitude des planches.

— Je reconnais, fit Croizette en se tournant vers sa

charitable camarade, je reconnais que le côté planche
est plus accusé chez vous que chez moi.

Mais pénétrons dans cette loge, sur le seuil de laquelle nous nous sommes arrêtés.

Un rideau, qui sépare la pièce en deux, permet à
l'actrice de changer de costume sans que les visiteurs
soient tenus de se retirer. Dès qu'elle est habillée, la
tenture se dissimule de nouveau et l'entretien reprend. Croizette n'en continue pas moins d'accom-
moder son visage suivant les inévitables exigences de
la scène. La patte de lièvre « fond » sur ses traits la
poudre à la maréchale; le crayon noir accroche au
coin de ses yeux la touche qui les allonge, et le bâton
de cosmétique rose accentue le carmin de ses lèvres.
Cependant, le coiffeur dispose sur son front les fri-
sons indépendants, ou tord sur sa nuque sa blonde
chevelure, tandis que la vieille habilleuse trottine en
rond, donnant des chiquenaudes aux nœuds de satin
et des tapes aux lés trop bouffants.

Ceux qui sont blasés sur ces apprêts contemplent
les cadres appendus aux murailles : un portrait de
Bressant, qui fut le premier professeur de Croizette ;
— une photographie de Delaunay, avec une dédicace
affectueuse ; — une ébauche de Carolus Duran, et
enfin une tête de négresse sur fond d'ocre, signée par
son amie Sarah Bernhardt.

Des plumes, de l'encre, des jeux de cartes pour
les *patiences,* qui trompent la longueur des entr'ac-

tes (ici les goûts russes apparaissent) ; un verre d'eau et des flacons d'alcool de menthe — l'anti-spasmodique préféré — garnissent les tablettes des meubles de marqueterie.

Quelquefois, sur la cheminée, un bouquet de roses et de lilas blanc jette dans l'atmosphère ses effluves capiteuses. En châtelaine affable et généreuse, Croizette détache quelques rameaux de ces faisceaux odorants pour en fleurir la boutonnière de celui-ci ou le corsage de celle-là.

En dehors de son art, que Croizette aime pardessus tout, et à l'étude duquel elle apporte la volonté et l'énergie qui lui ont fait conquérir ses diplômes à l'Hôtel-de-Ville et au Conservatoire — en dehors du théâtre, dis-je, Croizette n'a qu'une passion : les chevaux. C'est au point que, lorsqu'elle visite une écurie princière, elle se prend à envier le sort des palefreniers... Toute enfant, elle voulait « monter à dada, » et si j'ai bonne mémoire, elle s'évada de la maison maternelle, à Versailles, pour aller rejoindre un cocher du voisinage qui se complaisait à la jucher sur la croupe d'une jument... On l'avait enfermée à clef : elle cassa une vitre et courut au rendez-vous, le poignet ensanglanté.

Le caractère de Sophie Croizette a des penchants éminemment masculins. La vue du sang ne lui inspire aucune répugnance. Elle assistera, impassible, à une opération chirurgicale, pansera des plaies et veillera un mort.

Son médecin l'appelle mademoiselle Nélaton.

Pour en finir avec les côtés virils de cette jeune femme — je grouperai ses goûts dominants dans une nomenclature quelque peu hétérogène : l'héroïne de l'*Étrangère* préfère la viande à tout autre aliment — méprise le dessert — dédaigne la parure — ne se doute pas de la valeur de l'argent — ignore la coquetterie et ne se sent jamais si heureuse que lorsque, vêtue à la diable, elle peut pousser elle-même, par les chemins, à toute vitesse, un pur-sang rétif.

Mon croquis est terminé... Je m'aperçois que — sans parti-pris de galanterie — j'ai trouvé à mon modèle une infinité de qualités et pas un seul travers.

Mais il n'est jamais trop tard pour réparer ses torts... Croizette est d'une distraction extravagante ! L'autre matin, elle est entrée dans son bain avec ses bottines et ne s'est aperçue de son oubli qu'en se livrant, une heure plus tard, aux mains de sa femme de chambre.

Elle a un autre défaut — celui-là indépendant de sa volonté — c'est de bouleverser le cœur de la jeunesse des écoles et de provoquer des tempêtes sous des képis. On lui remet journellement, à son théâtre, des lettres où des collégiens lui signifient qu'ils l'épouseront sitôt reçus bacheliers. L'un d'eux lui adressait dernièrement un chapelet de strophes incandes-

centes… Je les ai lues. — La dernière est particulièrement jolie :

> Enfin, pardonnez-moi mon humble poésie
> Et ne méprisez pas mes rimes, en faveur
> De mon sincère amour… Surtout, je vous en prie,
> N'en dites rien au proviseur.

Petit vaurien !… on vous en donnera des sociétaires
pour les perdre !

JULES VERNE.

Vous lirez un jour ceci dans un journal :

« Tout porte à croire, hélas ! que le *Saint-Michel*, bateau à voiles, parti du Crotoy dans les commencements du printemps et dont on n'a pas de nouvelles depuis près d'un an, s'est perdu corps et biens dans les mers du Nord. Il était monté par trois hommes : M. Jules Verne, le populaire auteur des romans scientifiques, qui ont fait la fortune de l'éditeur Hetzel, Alexandre Delon, un vieux pêcheur, connu sur les côtes de la Manche pour son sang-froid et son expérience, et un jeune marin qui remplissait les fonctions de matelot et de cuisinier. Le *Saint-Michel* était la propriété de M. Jules Verne, qui passait à son bord la moitié de son existence et y a écrit ou conçu la plupart de ses intéressants ouvrages. »

Toutes les publications du moment feront suivre ce lugubre entre-filets de biographies plus ou moins exactes ; et ce sera dans la presse des deux hémisphères, qui connaît l'œuvre de Verne, un concert d'éloges, une explosion de douleur ! Et puis tout à coup on apprendra par le fil du télégraphe que le *Saint-Michel* vient de rentrer, glorieux et sans avaries, dans la baie de Somme, et que son propriétaire rapporte de sa longue et périlleuse excursion un livre qui va mettre de nouveaux trésors dans la caisse de son éditeur !

Jules Verne a présentement cinquante et quelques années. C'est un bon garçon, d'allure franche, de façons affables et d'une timidité presque féminine avec les inconnus. Il se départ à peine de sa réserve avec ses amis, mais il reste toujours modeste, et l'on voit clairement qu'il est seul à ignorer son incontestable talent. Autrefois, il avait le visage rasé et rappelait certains portraits de lord Byron; aujourd'hui, il porte toute sa barbe et rappelle le Démosthènes de la galerie des Antiques. Son œil bleu (je parle de l'œil droit, car l'autre est à demi voilé par ce qu'on appelle en médecine un prolapsus de la paupière), son œil bleu a une expression de sincérité et de naïveté qui le ferait comparer par un parnassien « à une fenêtre d'où l'on plonge nettement sur une âme honnête. »

Ce qui distingue surtout le caractère de Verne, c'est une philosophie gaie et patiente. Durant ses commencements, qui furent difficiles, on lui vola une montre d'or à laquelle il tenait beaucoup. On eut toutes les peines du monde à lui faire déclarer cette soustraction au commissaire de son quartier, qui lui demanda le signalement de son chronomètre.

— Mon aventure prouve surabondamment, répondit-il, que c'était une montre *à échappement !*

Merveilleusement doué et d'une érudition encyclopédique, il est servi, dans ses travaux, par une mémoire prodigieuse. Un jour qu'il déjeunait avec nous chez un Italien, la conversation tomba sur Rome. L'amphitryon, — son voisin de droite, — qui était né et logeait près du Capitole, venait d'admirer la facilité d'élocution et le langage pittoresque de son commensal qui lui avait décrit par le menu tous les monuments et jusqu'aux moindres ruines de la Ville Éternelle, quand Verne lui demanda des nouvelles d'un vieux mendiant habituellement posté au coin de la Voie Sacrée, en face de la boutique d'un pâtissier.

— Il y est toujours.

— Et le portier du Vatican a-t-il toujours sa jolie fille ?

— Oui.

— A-t-on remis des marches aux escaliers du Forum ?

— Le roi l'a ordonné, mais ce n'est pas encore fait... Ah çà ! monsieur, vous connaissez Rome mieux que moi, qui suis Romain. Vous l'habitez donc depuis de longues années ?

— Moi ? je n'y ai jamais mis les pieds... mais j'ai lu et je lis tous les ouvrages consacrés à votre cité natale.

Nous qui savions qu'il était sincère, nous n'en revenions pas !... Quant au Romain, il dit à Verne avec l'accent de Sainte-Foy dans le *Pré aux Clercs :*

— Vis êtes oun blagour !

C'est ce matin-là que Verne — un grand voyageur devant l'Éternel — nous raconta d'un ton plaisant son aversion pour le Midi.

— Le Nord m'attire, nous dit-il. Ah ! parlez-moi de l'Océan septentrional, mais ne me parlez jamais de votre Méditerranée. C'est un petit lac indolent et sans colère : il a beau moutonner, je ne le prendrai jamais pour une mer. Quand je suis sur son rivage, il me semble qu'en me haussant sur la pointe des pieds, j'aperçois l'autre bord... et lorsque j'éternue à Marseille, je crois toujours entendre un mauvais plaisant qui me répond : « Dieu vous bénisse ! » en Afrique.

Mon lecteur n'attend pas de moi, je suppose, une biographie méthodique de cet aimable savant. Il trouvera dans le *Dictionnaire des Contemporains* la liste et les titres des livres qu'il a publiés. Il y lira peut-être aussi que Verne a été successivement avocat, auteur dramatique, secrétaire du Théâtre-Lyrique et de l'Opéra-Comique, et qu'il était boursier lorsque le succès de : *Cinq semaines en ballon* décida de sa brillante carrière. Au lieu d'énumérer ses comédies et ses opéras, je veux parler du temps où, librettiste aux Bouffes, il signait *M. de Chimpanzé,* — une opérette où Léonce chantait :

> Ah ! me voilà singe !
> Comme ça me *chinge !*

A cette époque, Verne faisait partie du *dîner des onze cents femmes !*

Ces folles agapes, qui avaient pour théâtre un cabinet, chez Brebant, avaient été fondées par onze musiciens ou auteurs dramatiques — que vous auriez tort, en dépit du titre de leur réunion, de prendre pour de petits Don Juan !

J'ai mal écrit plus haut — avec intention, je vous le jure — « dîner des onze sans-femme !... » Ces onze joyeux drilles avaient juré que jamais on ne tolérerait la présence du beau sexe à leurs festins : de là, cette dénomination qui fait penser au harem de Salomon.

Quand Verne est dans un milieu intime, je ne sais pas de causeur, de conteur plus empoignant... L'intérêt émane de sa parole comme de sa plume... Cela vient de ce qu'il est convaincu.

Avant d'écrire un livre, il vit avec ses héros (remarquez qu'ils ne sont jamais Français : le Français ne l'inspire pas), et, se faisant héros lui-même, il finit par croire que ses romans *lui* sont arrivés.

Il vous dira très bien :

— Si vous saviez comme je me suis amusé dans mon voyage au centre de la Terre...

Ou :

— Un brave homme, allez, le capitaine Hatteras,

incapable d'une vilaine action, et facile à vivre!...

Je demandais un jour à Verne pourquoi il ne mettait jamais de femmes en scène dans ses œuvres.

— Non! non, me dit-il, pas de femmes! Elles parleraient tout le temps *et les autres ne pourraient rien dire.*

Son imagination surabondante, mais toujours basée sur des faits *logiques et théoriquement réalisables,* entraîne son esprit vers des projets insensés... à force d'être gigantesques!

— Je décrirai toute la Terre, me disait-il une autre fois, c'est convenu, c'est arrêté. J'ai chez moi un planisphère sur lequel j'ai marqué à l'encre rouge tous les voyages que j'ai faits (il mêle les siens à ceux de ses personnages), de telle sorte que je vois nettement ceux qui me restent à faire; mais le globe ne me suffit pas... c'est le monde que je veux visiter, ce sont les espaces... les étoiles... car, enfin, si les astres existent, c'est pour que j'y aille, et... vous aussi. Il n'y a que les moyens de translation qui manquent : on les trouvera! Au surplus, tenez, il y a dix ans, une comète à noyau dur a passé sur la route de la terre, justement un mois après elle. Supposez que la Terre ait été ralentie dans sa marche par une cause quelconque...

— L'oubli de son mouchoir de poche?

— Je parle sérieusement... Supposez donc que la

Terre ait eu un mois de retard comme les trains du Nord de l'Espagne...

— Eh bien ?

— Eh bien ! il y avait rencontre...

— Et nous étions pulvérisés !

— Pas du tout. Les comètes ne sont pas si méchantes : il y avait un simple choc... la comète enlevait probablement un point de notre globe... un département de la France, peut-être. J'étais là, par hasard, et comme la comète poursuivait sa route en emportant le département avec son préfet, et une forte provision d'air respirable, je vivais quelques années dans l'empyrée, chevauchant avec *ma* comète en compagnie d'un fonctionnaire éclairé, prenant des notes en attendant qu'une nouvelle rencontre nous dépose, moi, le préfet et le département, sur cette Terre bien petite, je vous assure, quand on songe à l'Univers...

Je pensais au préfet, à cheval sur la comète, maugréant à l'idée de rater l'avancement promis par le ministre de l'intérieur et revenant en France au deuxième choc, pour apprendre sa destitution et l'établissement déjà ancien d'un quatrième régime nouveau... quand Verne s'écria tout à coup :

— Voilà évidemment l'idée d'un livre !... Après la

publication du roman que je viens de commencer, je m'y mettrai...

— Vous aurez raison, lui dis-je, votre préfet aura du succès ! D'abord, ce sera un préfet amusant... Et l'on en compte si peu !...

GEORGE SAND*.

—

Imaginez une femme de taille petite, grasse sans être grosse, large d'épaules, et dont la tête — proportionnellement trop forte — a la placide expression des gens qui songent toujours et possèdent le don de soustraire leurs pensées aux distractions extérieures.

Les yeux, grandement ouverts, sont noirs, — d'un noir brutal, profond, opaque, sans point lumineux. Les prunelles ont une fixité qui rend l'individu impénétrable. La bouche, vulgaire, ne prouve rien : ni passions ni appétits. Le visage a le ton du vieil ivoire... A la vue de ce teint, que la bile extravasée colore en jaune, le médecin diagnostique une affection du foie. Quant aux mains, leur dimension exiguë remet en mémoire le mot d'une princesse complimentée par un courtisan sur la petitesse de ses extrémités.

— Lorsque ça en arrive là, disait-elle, ce ne sont plus des avantages, ce sont des infirmités.

★ Cette étude a été écrite par l'auteur en 1868, huit ans avant la mort de G. Sand.

Les mains de madame Sand, courtes et potelées, ressemblent à celles d'un enfant de huit ans. Les gantiers ignorent cette pointure anormale. Aussi l'auteur de *Mauprat* a toujours l'air de porter des gants trop longs. Ces mains, douces au contact, en dépit du hâle des champs, sont, en somme, la fraction le plus « en dehors » de ce tout — bourgeois, pour ne pas dire vulgaire. — Elles détestent l'inaction, tandis que le corps demeure immobile et comme obéissant à un parti pris de roideur; elles vont, viennent, frémissent, s'agitent; tantôt elles rangent trente-deux jeux de cartes et font des patiences; tantôt, elles palpent ou retournent des plantes, des insectes et des minéraux.

Je ne sache pas qu'il y ait au monde une femme plus soignée que madame Sand : elle pousse la propreté jusqu'à la manie, et, chose plus rare, elle sait rester propre. Elle fera cent lieues en chemin de fer ou dans une carriole sans que l'harmonie de sa toilette soit troublée, sans qu'on puisse découvrir une tache ou un grain de poussière dans les plis de son manteau.

Ses toilettes indiquent un mépris absolu de la mode, une préférence marquée pour les couleurs voyantes et une recherche incessante de la forme antique. A ce sujet, un familier de Nohant me disait :

— Elle trouerait une serviette pour s'en faire un peplum.

Le caractère distinctif de George Sand est une insurmontable timidité. On la croit froide, altière même; elle n'est que peureuse. Lorsqu'elle se départ de sa réserve habituelle devant des visages nouveaux, elle perd la tête.

De passage à Toulon, elle résolut un jour de visiter un navire de l'État. L'équipage, prévenu par ses chefs, fit un bout de toilette; le bâtiment fut pavoisé, les officiers endossèrent leur uniforme, et pendant que l'illustre visiteuse gravissait l'échelle d'abordage, le personnel du vaisseau se disposa, suivant l'usage, en fer à cheval, par ordre de grade, en sorte que le dernier mousse — un bambin de douze ans — se trouvait en face du commandant du bord.

La flatteuse solennité de cet accueil troubla madame Sand à un tel point que, en se retirant, elle caressa la joue du capitaine en lui souhaitant une brillante carrière, et salua cérémonieusement le mousse en le complimentant sur la bonne tenue de ses hommes et la beauté de son navire.

Cette difficile possession d'elle-même, en face du public, la pousse à vivre retirée, avec quelques amis — une poignée d'artistes auxquels leur admiration et leur fanatisme pour la châtelaine de Nohant ont valu la qualification de *sandistes*.

Puisque j'étudie et analyse par le menu les singularités de mon modèle, il me faut dire que, même dans l'intimité, madame Sand a toujours en elle deux êtres d'essence diverse : l'auteur — qui est pour tout le monde froid, peu expansif, avare de paroles, écoutant toujours et encore ; et la femme — enjouée, adorant rire, disant de grosses bêtises, mais réfractaire aux plaisanteries du domaine galant : l'équivoque érotique la scandalise, la blesse et la dégoûte, tandis qu'elle raffole de la grosse plaisanterie et de la farce triviale. Le derrière, les seringues, les vases de nuit et tout ce qu'ils peuvent contenir l'amusent franchement. Elle rougira si vous lui faites remarquer les seins d'une nourrice ; elle pouffera si vous lui signalez le développement des... *bases* de la même commère. Bref, elle est chaste sans faire oublier qu'elle est gauloise.

Pour ce qui est du brio et de la finesse dans la conversation, ne lui en demandez pas. La nouvelle à la main la touche peu, le sel d'une repartie lui échappe... Les calembours seuls la dérident, et encore faut-il les lui expliquer auparavant.

Charles Marchal — je parle de loin ! — murmura un jour devant elle, en montrant un commensal de Nohant :

— Dieu, qu'il est sale... à manger.

— Sale à manger ? répéta madame Sand en donnant les signes de la surprise.

Puis tout à coup éclatant de rire :

— Ah ! j'y suis ! Salle à manger ! très drôle...

Ce qu'elle répéta de fois ce piètre jeu de mots, je ne saurais le dire. Marchal eût lancé ses plus spirituelles répliques, un de ces « mots de la fin » qui étaient le propre de son esprit éminemment parisien, elle fût restée froide et n'eût pas compris.

En résumé, madame Sand est une femme douce, simple, excellente et bon garçon en dehors de la littérature ; mais sur ce dernier point elle a des partis pris. En philosophie : spiritualiste pure, prête à accepter toutes les métempsycoses imaginables, furieusement attachée à l'immortalité de l'âme, se débattant comme un démon contre la possibilité d'une mort qui tuerait la pensée et empêcherait que son âme continuât de garder, dans leur intégralité, ses affections et ses souvenirs...

Son toit reçut un jour un athée, elle s'emporta et lança dans sa réfutation une de ces pensées nettes et grandioses dont ses livres regorgent :

— Votre athéisme, s'écria-t-elle, explique l'utilité de la nature, mais je le défie d'en expliquer la beauté.

Vous ai-je parlé de certains petits côtés dont la bizarrerie fait sourire ? Elle se défiera pour des riens de ceux-là mêmes qui ont toute sa confiance pour des choses graves. Elle confiera sa fortune à gérer et la garde de ses plus chers intérêts à tel qu'elle soupçonnera très sérieusement de tricher, s'il lui a gagné trois parties de dominos consécutives. Notez qu'elle ne joue jamais d'argent.

Cette faiblesse provient, je suppose, de sa susceptibilité excessive... Elle ne veut pas être dupe ou prêter à rire. La malice des autres l'épouvante et, naturellement, elle adore se moquer d'autrui.

Elle tutoie vite et n'aime point qu'on la tutoie. D'ailleurs, sa personne impose et sa bonté la rend vénérable. Nadar, qui taperait sur le ventre de Dieu le père et tutoirait la Sainte-Vierge, lui dit : vous. Il professe pour elle un respect, un dévouement, je dirais presque un culte qu'il base sur son admirable talent autant que sur le dévouement dont elle lui a donné tant de preuves.

Elle monta, un matin, à l'atelier de ce séduisant égoïste, qu'elle trouva dans un de ses jours d'abattement et de désespérance. Les tracas « planétaires » attendent l'homme au retour de ses excursions dans les nuages. Si haut qu'il monte, l'aéronaute doit redescendre et retrouver, en atterrissant, des fardeaux « plus lourds que l'air. » Il lui faut suivre de nouveau sa route terrestre — cette route dont les ornières sont plus à craindre que les ouragans des espaces !

Or, ce matin-là, Nadar faisait la moue à l'humanité et regrettait son flottant royaume d'osier, naviguant dans l'éther à quatre mille pieds au-dessus du niveau des échéances.

— Qu'as-tu ? lui dit-elle.

— Je vous dirais plutôt ce que je n'ai pas, madame Sand !

— Et ton livre, *le Droit au vol*, il ne se vend donc pas ?

— La troisième édition va paraître.

— Eh bien ?

— Une goutte d'eau dans l'Océan !

— C'est juste ! Mon Dieu ! que pourrais-je faire pour te tirer de là ? Est-ce qu'une préface de moi pour cette troisième édition?...

— Oh ! madame Sand ! fit Nadar, touché jusqu'aux larmes.

— Tu as raison, répliqua l'excellente créature, se méprenant sur l'exclamation de son interlocuteur, une préface de moi, à propos de ballon... cela ne signifierait rien ; d'ailleurs je ne vois goutte en cette matière...

— Chère et digne femme, s'écria Nadar en lui prenant les mains, vous n'avez pas compris que j'accueillais votre offre comme on accueille un bonheur inespéré, un bonheur qui dépasse tout souhait, toute ambition...

Trois jours après, elle remettait au capitaine du *Géant* les admirables pages qui servent d'en-tête à la troisième édition du *Droit au vol...*

Je pourrais vous conter mille autres traits qui révèlent les belles qualités et les délicatesses de son cœur. Qu'il vous suffise de savoir que sur les sommes énormes qu'elle a gagnées, elle a prélevé à peine de quoi vivre et de quoi payer le petit domaine qu'elle habite. Avec le reste, elle a fait ou tâché de faire des heureux autour d'elle.

Elle n'entend rien à la comptabilité et serait volée par ses fournisseurs, si ces derniers ne répondaient à son inexpérience par une louable honnêteté. Elle régla un jour, en présence de l'un de mes amis, la note de son épicier que, d'habitude, elle paye tous les mois. Le hasard fit qu'elle ne put lui verser qu'une partie de son dû. Au lieu de retrancher cet à-compte du total, elle l'y ajouta; si bien qu'elle se retrouva devoir, après la somme versée, une somme plus considérable que celle qu'on lui réclamait; elle pataugea dix minutes dans ses chiffres, et l'épicier dut lui-même lui démontrer la différence qui existe entre une addition et une soustraction... Mais revenons à Nohant :

Madame Sand se lève à onze heures : elle déjeune seule d'un œuf et d'une tasse de café noir sans sucre. Puis elle allume une de ces cigarettes de maryland qu'elle achète toutes faites à Paris... car elle adore fumer et fume constamment.

Lorsque sa cigarette touche à sa fin, elle la jette dans un petit pot de vieux Gien rempli d'eau, qui est placé sur sa table; le petit *phcit* que fait entendre, en tombant dans le liquide, le tabac incandescent, la réjouit au superlatif. Disons en passant qu'elle interdit à ses hôtes l'usage du cigare et de la pipe.

A ce frugal repas succède, si le temps le permet, un tour de promenade dans son parc, ou une partie de cochonnet — jeu auquel elle excelle.

A midi et demie, elle regagne sa chambre et se met

à l'ouvrage jusqu'à six heures et demie, heure du dîner.

Sur les menus de Nohant figure toujours le potage gras. Jamais de soupe maigre. Rarement des viandes noires. Du poisson quelquefois. Ceux qu'elle préfère sont des épinoches frits... Elle les prend elle-même à l'aide d'une trouble à papillons, dans le cours d'eau voisin... Elle affectionne particulièrement les légumes et les fruits, — les fruits surtout. Dans la saison, on sert, devant elle, jusqu'à cinq variétés de fraises.

Le dîner fini, madame Sand passe au salon, où elle joue au domino avec un ami, avec son fils ou avec sa belle-fille. Si elle a des visiteurs — j'entends par là des connaissances nouvelles — elle garde son attitude d'impératrice et manque d'abandon. Elle répond laconiquement aux questions qui lui sont adressées et montre clairement qu'elle aime mieux entendre causer les autres que prendre part à l'entretien. Malheureusement ceux qui débarquent à Nohant pour la première fois ignorent cette réserve basée sur une insurmontable timidité. Ils brûlent d'étudier cette nature extraordinaire et cherchent à la faire jaser. Ils perdent leur temps.

On parle : madame Sand écoute. On se tait, elle écoute encore, ou plutôt elle semble écouter, car, dès vos premières paroles, sa fougueuse imagination l'a emportée loin de vous et loin d'elle-même. Si, par exemple, voulant asseoir la conversation sur un de ses thèmes favoris, vous lui exposez un système de géologie, sa pensée s'emparera des prémisses que vous lui aurez posées, vous quittera brusquement en ayant l'air de vous suivre, et préférera les caprices de son génie inventif au développement rationnel des inductions les plus saines.

C'est — au moral — l'histoire de ce touriste anglais auquel on montrait les écuries d'un prince... Il enfourcha le premier cheval qui lui fut désigné et se sauva au travers des champs, tandis que son cicerone continuait patiemment à crier le nom et à vanter les vertus des autres quadrupèdes.

Cette tendance à s'égarer dans le domaine de la fiction a légèrement faussé les notions scientifiques de madame Sand. Incapable, de par sa nature même, d'étudier une science à fond, elle a, en histoire, comme en géologie, comme en médecine, comme en botanique, des opinions à elle, — opinions qui résultent de ses déductions fantaisistes et des écarts que lui suggère sa merveilleuse aptitude à voir en toutes choses ce qui n'y est pas.

Elle cassa, un soir, une géode qu'elle avait ramassée dans la journée. Après l'avoir considérée longuement à la loupe :

— Voilà qui est étrange ! s'écria-t-elle à haute voix. Les parois qui tapissent la caverne de cette pierre retracent parfaitement une scène antédiluvienne.

Voyez, voilà l'Eden Ici, des arbres dont l'espèce est perdue ; là, des animaux étranges ; et plus loin, dans cette petite excavation, un homme et une femme, vêtus de peaux de bêtes... Est-ce assez curieux !

Un naturaliste auquel elle confiait volontiers ses visions extravagantes, disait à un tiers :

— Elle ressemble à un savant qui aurait pris du hatchich !

Les soirées de Nohant ne sont pas toujours consacrées à ce genre de délassement. Si l'on est entre intimes, madame Sand aime à jouer aux jeux innocents, à des jeux qui font remuer les autres.

Si quelqu'un fait une maladresse ou tombe bêtement, elle est enchantée.

Parfois elle range ses herbiers tandis qu'on discute à ses côtés un événement littéraire ou un fait politique. Il lui arrive aussi de faire une lecture.

Elle tenait un soir la *Revue des Deux-Mondes* et lisait à haute voix une nouvelle de je ne sais plus qui. L'action développée en un style élégant et clair était vive et intéressante. Un incident la força de sortir. Un assistant prit la brochure et continua... Quelle ne fut pas sa surprise, en s'apercevant que la lectrice parcourait de l'œil deux ou trois phrases à l'avance, en redressait les incorrections, leur donnait un tour magistral, et créait— à l'insu de l'auditoire — des incidents auxquels l'auteur n'avait pas songé. Cette rapidité de conception et d'élocution vient corroborer la faculté inventive que je mentionnais tout à l'heure.

A minuit — (eût-elle le pape chez elle, et madame Sand ne le recevrait pas, car elle est prétrophobe) — à minuit, elle rentre chez elle. Son premier soin est de procéder à une toilette de nuit. Puis elle se met à écrire sans débrider jusqu'à six heures du matin. A-t-elle fini son roman à deux heures? elle en commence un autre plutôt que de se mettre au lit.

Elle travaille sans aucun plan. Il lui suffit d'un point de départ, d'une situation qu'elle développe au fur et à mesure, en vertu d'une sorte de déduction arbitraire, qui est souvent très artistique, mais où la logique n'entre pour rien. — Parfois, ce procédé la conduit à l'impossible : plus d'issue! ça n'aboutit nulle part!... Alors, sans regret, sans ennui, elle en reste là et commence autre chose.

Elle est très méthodique pour la partie matérielle de son travail. Elle écrit sur du papier à lettres, cousu en cahiers de dix pages. Sous chaque page, elle place un transparent, et tous ses feuillets contiennent le même nombre de lignes, qui, chacune, contiennent le même nombre de lettres ; en sorte que chaque cahier plein renferme presque absolument la même quantité de matière imprimable. Pourquoi? Par habitude. Et puis, c'est plus facile pour compter : tant de cahiers de sa main font le minimum d'un volume d'impression, et l'on sait qu'elle travaille au volume. Tant qu'elle n'a pas quatre cent mille lettres, le roman continue. Ce chiffre atteint, elle songe au dénouement.

Ces cahiers, tous de même grandeur, vont aux compositeurs, qui les respectent, puis sont rendus à madame Sand. On les fait relier et son fils les serre précieusement.

Une remarque ou plutôt un contraste à propos de ses livres. Toutes ses héroïnes sont mâles, énergiques, de haute raison, — tandis qu'elle est d'une faiblesse telle qu'un enfant de quatre ans lui imposerait sa volonté. On sent qu'elle envie la supériorité dont elle dote ses types féminins et qu'elle les dépeint comme elle voudrait être. Cependant, sur certains points sociaux, si elle a fait ses romans, ses romans l'ont faite ; elle croit que ce qu'elle a écrit est arrivé. De là ses idées bizarres, jusqu'au comique, dans la pratique.

J'ai omis d'accuser son goût passionné pour la musique, la vieille musique surtout... Les partitions modernes la laissent froide. Elle raffole de Mozart et donnerait tout le répertoire de Verdi pour un menuet du temps jadis. Ajoutons qu'elle est marieuse et rumine toujours l'hymen de ses chers sandistes. Malheureusement, les mariages qu'elle rêve sont impossibles.

Les rapprochements qu'elle médite se distinguent par l'inégalité des conditions. Elle proposera volontiers à un menuisier d'épouser une princesse, et décidera l'union d'un roi avec une gardeuse de dindons. Aussi échoue-t-elle dans ses entreprises matrimoniales, et c'est la plume à la main seulement qu'elle mène à bien ses accouplements disparates.

On a beaucoup écrit sur le théâtre de Nohant, mais je ne sache pas qu'on ait parlé de l'étiquette qui préside à ces charmantes représentations. Bien que les sociétaires de la comédie de Nohant soient en bois et en carton, le règlement exige qu'on paraisse au spectacle toujours et quand même en grande toilette.

Madame Sand s'y rend, — fût-elle seule à composer le public, — avec ses plus beaux atours et ses plus belles parures.

Dans la journée — durant les heures qu'elle ne consacre pas au travail, — elle confectionne les costumes de ses pupazzi. L'habit noir et la cravate blanche du fantoche-régisseur, M. Ballandard, ont été cousus par ses propres mains.

La salle est souvent garnie du parterre au cintre. A l'occasion de ces soirées-gala on répand des invitations dans les environs. Des omnibus loués à la Châtre vont prendre les invités à domicile, les amènent à Nohant et les reconduisent, sans qu'il leur en coûte rien, à la fin de la soirée. On rehausse la solennité de ces fêtes en jouant des proverbes et des pièces inédites de madame Sand ou des auteurs dramatiques qui la fréquentent. Ces primeurs sont généralement interprétées par des acteurs *pour de vrai*. Les pou-

pées cèdent la place aux hôtes de la maison qui, —
— rendons-leur cette justice,— apportent au service
de leur mandat toute leur intelligence et toute leur
bonne volonté.

Il y a quatre ans encore, madame Sand avait pour
femme de chambre et intendante une jeune fille du
crû qui, dès ses premières tentatives, manifesta pour
la scène des dispositions étonnantes. Marie rendait
les soubrettes d'une façon remarquable. Aussi, Marie
était l'enfant gâtée du château. Elle paraissait au
salon tous les soirs, quelque fussent la qualité et le
nombre de ceux qui s'y trouvaient.

Mademoiselle Marie n'était pas seule à jouir de
cette faveur. Un chien-bull, nommé Fadet, parta-
geait avec elle la permission de paraître au même
lieu, — voire dans les grandes occasions.

Fadet est, d'ailleurs, un toutou d'une intelligence
hors ligne. Dès qu'on arrive à Nohant, Fadet vous
fait les honneurs du logis : il vous mène partout, dans
le verger, dans le parc et dans les bâtiments, depuis
les caves jusqu'aux mansardes. Quand il a fini de vous
promener dans les moindres recoins de la propriété,
il vous quitte brusquement, et vous resteriez dix ans
au château qu'il ne ferait pas plus attention à votre
personne que si vous n'existiez pas. Ce cicerone à
quatre pattes existe encore à l'heure où je chante ses
vertus, et continue à guider les nouveaux venus dans
les méandres de la résidence. Quant à Marie, elle a

quitté le château, voilà plusieurs années, pour des causes que j'ignore.

Madame Sand franchit rarement la limite de son domaine. Elle va à La Châtre deux ou trois fois par an. Elle a sa loge au théâtre de la ville, et, quand elle doit honorer la représentation de sa présence, le sous-préfet et le maire passent au second rang. On ne commence pas avant qu'elle ne soit arrivée, et le public ne songe pas à se plaindre, si d'aventure elle se fait attendre. Dès qu'elle parait, un gamin, posté au point de la galerie le plus proche de la toile, se penche, en écarte le pan, et crie aux acteurs avec l'accent berrichon : « Alle y est! »

Aussitôt retentissent les trois coups et le chef d'orchestre donne le signal de l'ouverture : on n'en use pas autrement avec les souveraines.

Telle est, à quelques détails près, la vie privée de cette femme de génie. Si on la considère dans son ensemble, on en tire ce profitable enseignement que, si élevé qu'il soit, le talent n'exclut ni la modestie, ni la simplicité, et qu'on peut donner à la fois les marques des plus hautes aptitudes et des plus naïves manies, sans cesser pour cela d'affirmer un grand cœur et une grande âme.

DERNIERS MOMENTS DE GEORGE SAND.

—

Nohant, vendredi soir.

C'est en proie à la plus vive émotion que j'ai franchi, ce matin, le seuil du château où vient de s'éteindre le grand écrivain que les paysans appellent « la chère dame » à dix lieues à la ronde. Si je n'avais moi-même souvent approché et connu personnellement George Sand, je me serais reproché de troubler la douleur de ses enfants et de ses amis ; mais je ne venais pas en reporter curieux, je venais en admirateur sincère, et je n'hésitai pas à faire passer à Maurice Sand un mot où je lui expliquais le but de ma démarche.

Terrassé par huit jours et huit nuits de veille et d'angoisses, d'espérances et de découragements, le malheureux était couché. Ce fut sa sœur, madame Clesinger, qui me reçut. Je passerai sur l'entretien, d'ailleurs très bref, qu'elle voulut bien m'accorder... On n'est pas expansif quand on a le deuil dans l'âme, et je sus être sobre de questions. C'est le tantôt seulement, en me promenant avec le docteur Favre, sous les ombrages du parc, que je recueillis sur les derniers moments de George Sand les détails que je consigne ici, à la hâte, dans leur incohérence et leur décousu.

Et d'abord, on aurait tort de croire, comme on l'a dit à Paris, que l'heure de la grande septuagénaire était arrivée. Elle pouvait vivre longtemps encore, et sa robuste constitution eût certainement triomphé du mal qui vient de l'emporter, si ce mal avait été pris à temps ; mais George Sand était, en ce qui concernait ses souffrances physiques, d'un stoïcisme et d'une ndifférence absolus. Elle ne parla à qui que ce soit de ce qu'elle ressentait depuis plus d'un mois, continuant à veiller, à travailler et à mener cette existence « régulièrement irrégulière » qui finit par avoir raison des tempéraments les plus solides.

Cependant, le mardi 30 mai, elle se sentit tellement éprouvée qu'elle dut se mettre au lit. Il était neuf heures du soir : les hôtes du château étaient à une noce dans les environs, en sorte qu'elle se trouvait seule au logis avec ses domestiques. Elle fit venir son voisin qui était aussi son plus vieil ami, l'excellent docteur Papet, l'un des quatre médecins qui, depuis ce jour, ne l'ont pas quittée une seconde et se sont succédés à son chevet avec un dévouement filial. Le docteur Papet constata avec terreur une paralysie des entrailles et la vit perdue. Sans communiquer son impression à Maurice Sand et à sa femme qui étaient rentrés entre temps, il leur laissa entrevoir la gravité du mal et demanda l'adjonction d'un confrère. Les docteurs Pestel et Darcher furent mandés le lendemain matin. Nohant comptait parmi ses hôtes un autre praticien, — un familier de la maison, — le docteur Favre. Il partit pour Paris, d'où il envoya le docteur Pean. Malheureusement, la science comme les soins, devait rester impuissante devant cette affection inguérissable, faute d'avoir été combattue dans sa période prémonitoire. Aussi peut-on dire que George Sand a eu une agonie de huit jours, — un long et atroce martyre dont elle pressentit dès le début la fatale issue.

— Ne pourrait-on me faire mourir plus vite ! s'écria-t-elle un jour en se tordant sur sa couche.

Une autre fois elle dit :

— Mon Dieu ! c'est la mort. Je ne l'ai pas demandée, mais je ne regrette pas la vie !

Ces deux cris furent peut-être ses seules protestations. Elle sut endurer ses tortures sans parler et sans se plaindre, et elle garda jusqu'au dernier moment ce naturel muet, en dedans, et replié sur lui-même, qui fut le propre de son individualité. Ceux qu'elle a admis dans son intimité savent combien elle était réservée et peu communicative... Elle mourut sans phrase — comme elle avait vécu...

Durant les rares répits que lui laissaient les inexprimables douleurs qui lui labouraient le sein, elle

tournait vers les siens groupés autour de son lit ses
grands yeux expressifs en essayant de sourire. Mercredi matin, l'avant-veille de sa mort, elle demanda
ses petites-filles — Aurore et Gabrielle, les enfants
de Maurice Sand. Elle avait, pour elles, une tendresse
aveugle et presque irraisonnée. L'aînée, Aurore qu'elle
appelait Lolo, était de sa part l'objet d'un culte inces-
sant. Elle s'était constituée son institutrice et faisait
son éducation.

Quand on eut amené les deux enfants à son chevet :

— Ah ! mes chéries, fit-elle, que je vous aime !

Et son regard les dévorait, — un regard avide et
profond, — un regard qui semblait dire :

— Je veux bien vous voir, car bientôt je ne vous
verrai plus.

Un des supplices inhérents à la maladie dont est
morte George Sand, c'est un besoin impérieux et in-
cessant de quitter la position qu'on occupe. Sa fille,
sa bru et ses femmes étaient à tout instant obligées de
la changer de place dans son lit, et à peine le changement était-il opéré qu'il fallait la coucher sur un autre
côté ou dans un autre sens.

Le mercredi dont je parle fut particulièrement mauvais... La journée était orageuse. Il y avait de l'eau dans
le temps, et le vent avait sauté brusquement à l'ouest.
La malade souffrait plus que les jours précédents, et
quand vint le soir, le médecin qui la veillait sentit que
la fin était proche. Maurice Sand monta. Elle l'aperçut.

— Va-t-en, mon fils, lui dit-elle! va-t-en...

Il y avait chez elle, entre autres pudeurs, cette pudeur de la mort qui poussait les Romains à se couvrir le visage quand ils sentaient leur fin prochaine. Elle craignait, pour les autres, les hideurs de l'agonie, et ses instincts poétiques la faisaient se cabrer, au milieu des plus affreuses souffrances, contre certains soins prosaïques. Elle se montra jusqu'à la fin rétive aux auscultations. Ses médecins, — même son vieil ami Papet, — durent employer mille ménagements dans leurs interrogatoires...

Dans la nuit, — sa dernière nuit, — le docteur Favre prit la place du docteur Pestel. A 3 heures du matin, il constata sous l'ongle du petit doigt de la main droite une tache violacée : c'était l'asphyxie qui commençait. La circulation ralentie au centre et nulle aux extrémités bleuit d'abord les mains et les pieds des condamnés. Tous ceux qui ont vu mourir connaissent ces tristes indices d'une fin imminente. Il fallut ces signes pour fixer un terme à cette agonie, car elle n'eut ni râle, ni convulsions, et conserva jusqu'à sa dernière seconde la parfaite conscience de son moi...

Une heure et demie avant d'expirer, elle dit ou soupira plutôt :

— Surtout... qu'on ne détruise pas... la verdure.

On pensa que le cerveau était pris de délire. C'était une erreur. Ses enfants se sont rappelé, depuis, que près du mur qui sépare le potager de Nohant du ci-

metière, se trouve un tertre sur lequel ont été plantés
des sapins. Ces sapins étendent leurs branches par
dessus ce mur et projettent leur ombre sur le coin du
cimetière où elle sera enterrée demain à côté de son
père, de sa mère et de ses petits-enfants.

La mourante, songeant à ce tertre, se complaisait à
se dire qu'il ombragerait son tombeau, et recomman-
dait, — à l'heure suprême, — qu'on respectât cette
verte végétation.

Elle s'éteignit à dix heures et demie. La transition
de vie à trépas fut imperceptible, et elle rendit l'âme
comme un enfant s'endort.

Il y a, dans ce coin du Berri, une légende qui fait
dire de l'agonie d'un homme qui a mal vécu et donné
carrière à des instincts pervers :

— Il avait l'âme de *travers*... C'est pourquoi elle a
eu tant de mal à lui sortir du corps !

L'âme de George Sand était droite... Il a été impossible de constater l'instant où elle l'a rendue à Dieu, —
à Dieu dans lequel elle croyait fermement.

La nouvelle de sa fin se répandit vite dans le château. Tous montèrent l'embrasser. On lui coupa des
cheveux — de ces cheveux admirables, épais et touffus,
dont les ondes grises étaient si opulentes que beaucoup de gens lui croyaient un tour et des fausses
nattes.

Après les adieux de chacun, entrecoupés de sanglots, murmurés par les uns à son oreille comme si

elle les avait pu entendre, dits par les autres à haute voix sous forme d'invocation à la divine miséricorde, on laissa la place à sa fille qui lui fit sa dernière toilette !...

George Sand n'est pas morte dans son lit. Elle expira sur une couchette de fer où l'on avait dû la transporter durant les étouffements de mercredi. Sa dépouille fut remise dans sa couche, de laquelle, par la fenêtre ouverte, elle contemplait si souvent avec amour le panorama de la vallée noire. Un voile de mousseline transparente a été ensuite jeté sur son visage. On aperçoit à travers ce tissu léger sa figure placide qui a la sereine beauté de la mort. Ses bras sont allongés sur la couverture, et ses mains mignonnes qui ont, à cette heure, un ton de cire, font ressortir la blancheur du drap.

L'ameublement de la chambre mortuaire n'a pas été changé durant sa maladie. C'est toujours le même lit en bois d'acajou avec ses rideaux de cretonne, à médaillons retraçant les aventures de Télémaque. Contre les murs, les portraits de son aïeul, Maurice de Saxe ; de son père, le colonel Dupin, aide de camp de Murat ; de Mme Dupin, sa mère ; de son fils Maurice (peint par Calamata) ; de Mme Viardot, de ses petites-filles.

C'est là qu'ont été enfantés *Mauprat*, *Mont-Revêche*, *Marquis de Villemer*, *Jean de la Roche*. C'est là qu'est mort cet être d'élite qui, peut-être seul, donne un démenti à la grande vérité écrite par Balzac : « La supériorité est un fardeau que la femme ne sait pas porter. »

Nohant, samedi soir.

C'est fini! La voilà dans sa tombe, cette femme dont la vie et les œuvres ont tenu le monde intelligent attentif pendant quarante ans. Elle repose à jamais dans le cimetière de son village, et les morts obscurs qui pourrissent à ses côtés dans le silence du cercueil, tiennent juste autant de place qu'elle! Ceux qui rêvaient pour cette morte l'apparat des convois hors classe, le retentissement des démonstrations populaires et le marbre des sépulcres fameux, n'ont rien à regretter. Il était impossible de lui faire des funérailles plus touchantes... De la simplicité même de la cérémonie, je ne sais quelle solennité biblique émanait, qui vous tenait attentif, haletant et recueilli... Pour moi, George Sand est plus grande au fond de cette fosse étroite et dans ce modeste champ de repos que sous un mausolée du Père-Lachaise, entre deux monuments célèbres. Ses restes n'auront pas Paris pour horizon; le bruit de nos agitations politiques ou mondaines ne se mariera pas aux plaintes du vent soufflant dans l'arbre qui ombrage son caveau; mais elle dormira, calme et respectée, au pied du mur de son cher jardin de Nohant, témoin de ses premiers pas et de ses dernières promenades au milieu de ces paysans amis, dont elle a été la bienfaitrice, et dans son Berri bien-aimé, dont elle sera la gloire.

Bien que les invitations portassent l'heure de midi, les chemins des communes environnantes, aboutissant à Nohant, furent, de grand matin, sillonnés par des carrioles et des fiacres. Les paysans et les paysannes menaient leurs attelages aux écuries de la ferme voisine et venaient ensuite stationner sur la place, devant la grille du château. Ceux-ci en blouse bleue et le chef couvert du feutre indigène, celles-là coiffées du bonnet plat et enveloppées dans une espèce de manteau noir à capuchon que je n'ai vu porté que par les Granvillaises et les Brugeoises.

Il pleuvait à verse, mais telle était la douleur de chacun que nul ne songeait à se protéger contre l'ondée. J'ai aperçu des vieillards qui, pendant trois heures, ont reçu ce déluge sur leur tête nue. L'eau plaquait leurs cheveux blancs contre leurs tempes flétries, et coulait de leur front sur leurs joues où elle se confondait avec leurs larmes. Les amis, les dames et les bourgeois des environs pénétraient dans la maison silencieuse. Le docteur Favre les introduisait dans le salon où, consternée, se tenait la famille... Après les condoléances, entrecoupées de sanglots, et les serrements de main muets, on s'asseyait dans un coin, et le silence se rétablissait, — un silence troublé seulement par le grêle tintement de la cloche de la chapelle.

Sous le péristyle, au bas du grand escalier, la bière — couverte d'un drap noir à croix d'argent ; deux couronnes colossales : l'une de pensées et d'œillets blancs et l'autre de pensées et de gardénias, ont peine à se tenir en équilibre sur le coffre funèbre. De chaque côté, se tiennent les six paysans qui le porteront tout à l'heure à l'église et de l'église au cimetière. La peine ne sera pas grande et le pieux fardeau ne pèsera pas longtemps sur leurs bras. C'est l'affaire de trente pas en tout ! Aux angles, prêts à saisir les cordons du poële, MM. Simonet et Cassamajou, neveux de madame Sand ; le prince Napoléon, parrain de sa petite-fille Gabrielle, et Alexandre Dumas fils.

On attend le prêtre. Il vient.

Trois enfants de chœur le précèdent. Un vieillard au dos voûté, vêtu d'un sarrau décoloré et chaussé de sabots, l'accompagne. C'est le chantre. Sa voix chevrotante et cassée psalmodie les répons. Ça ne vaut pas pour l'oreille un *Pie Jesu* de Faure ou un *Dies iræ* de Rosine Stolz, mais, pour le cœur, l'effet est le même. Que dis-je ? il est plus grand. On pouvait demander, au nom de cette morte, les prières suprêmes aux plus célèbres artistes. On a préféré les chants rauques et indécis de cet octogénaire qui a pleuré celle qui n'est plus, comme il eût pleuré sa fille.

Le cortège va se mettre en route, je vois se ranger à la suite : Renan, Flaubert, Calman–Lévy, arrivés depuis douze heures et logés au château. On me raconte à ce moment que Dumas a passé une nuit blanche...
La veille, fort avant dans la soirée, avait été agitée, au

salon de Nohant, la question de savoir si l'on parlerait
sur la tombe. Les uns alléguaient la simplicité, la réserve et la discrétion qui ont toujours distingué George
Sand pour réclamer le silence. Les autres opinaient pour
des adieux littéraires. Ces derniers obtinrent la majorité
et Dumas fut prié de faire un discours. L'académicien monta dans sa chambre et se mit à l'œuvre. Au
jour naissant, on lui annonça que Paul Meurice avait
apporté de Paris une oraison funèbre de Victor Hugo
et que, d'autre part, un conseiller général, M. Perigois,
élèverait la voix au nom du pays. Dumas garda par
devers lui son discours pour les amis et la Société des
gens de lettres qui l'avait prié d'être son organe.

La cour du château de Nohant, ordinairement
sombre et humide, ajoute une majesté singulière à la
cérémonie. Les arbres gigantesques de la pelouse du
milieu laissent pendre leurs branches désolées ; on est
obligé de se baisser pour ne pas se heurter contre les plus
basses. A droite, les remises où l'on aperçoit les voitures : un coupé, un vieux carrosse et un omnibus d'excursion : à gauche, une espèce de loge, sans concierge, où
mes yeux distinguent un cercueil trop étroit, expédié
d'abord de Paris. Au moment de franchir la grille, chacun reçoit des mains d'une Berrichonne un rameau
de laurier : Je m'informe.

— Ce n'est pas un usage, me dit Édouard Cadol,
c'est une innovation. Le laurier dans le langage des
plantes signifie « gloire dans l'éternité. »

L'église est trop petite pour recevoir les fidèles. Je puis m'approcher assez du parvis pour apercevoir, contre le mur de gauche, par la porte ouverte, la copie de la *Sainte-Anne*, dont l'original a été offert à George Sand par l'artiste incomparable, qui l'a conçue et exécutée, par Eugène Delacroix.

Cependant, la messe funèbre se termine ; on se rend au cimetière. Sans quelques croix de bois plantées sur des mouvements de terrain, on se pourrait croire dans un clos inculte. L'herbe folle, haute et drue hier, a été fauchée ce matin, et laissée sur place. Détrempée, elle forme avec la terre grasse et oxydée un mélange glissant sur lequel on avance avec peine. A l'extrémité de ce champ, qui s'abaisse jusqu'au parc de Nohant, on voit un vieux pin. C'est sous le manteau de sa ramure, à laquelle la pluie donne un éclat métallique, qu'on a creusé à la hâte, et maçonné de briques le caveau où sera descendu le grand écrivain. Je veux en mesurer, de l'œil, la profondeur : mais le même sentiment qui, une minute après son dernier soupir, a transformé la chambre de la morte en un véritable reposoir de Fête-Dieu, qui a jonché son lit, le parquet et les meubles, de plantes odorantes et de fleurs épanouies, — le même sentiment, dis-je, a dissimulé le trou béant sous des frondaisons luxuriantes... Mais voici qu'on parle. C'est d'abord M. Perigois. Je regrette de ne pouvoir vous envoyer le texte exact de son discours. Il est impossible de pleurer et de faire pleurer en termes plus simples, d'affirmer une douleur vraie avec plus de mesure et moins d'emphase. M. Meurice prend ensuite la parole pour dire que M. Victor Hugo lui a envoyé une allocution avec prière de la lire en son lieu et place.

Je dois, en orateur fidèle, constater que le discours de M. Perigois a produit sur les assistants un effet d'émotion que n'a pas atteint celui du poëte. Faut-il attribuer cette particularité à la diction exagérée, ampoulée et toujours « soulignante » de M. Meurice? Je l'ignore. Toujours est-il que le discours de Victor Hugo a subitement tari les larmes. On l'a écouté, mais on s'est senti, en l'entendant, la gorge libre et les yeux secs. Un des littérateurs présents, qui est une des gloires de notre temps, a dit à haute voix :

— Je n'ai jamais mieux apprécié l'abîme qui sépare l'éloquence qui jaillit du cœur de celle qu'on demande au cerveau.

Le cercueil a été descendu dans la fosse. Chacun a jeté sur l'ensevelie la branche de laurier Et puis l'on s'est séparé.

J'ai voulu revoir le château, la calme retraite d'où la Muse est partie à jamais ! J'ai erré quelque temps dans les couloirs déserts sur lesquels s'ouvrent les chambres d'amis et qui sont décorés de cadres qui trahissent les affections et les goûts de celle qui n'est plus. Ici, c'est une estampe qui représente le tom-

beau du maréchal de Saxe. Là, des peintures chi-
noises sur des feuilles sèches. Dans des cadres, des
papillons et des plantes.

Voici la porte de sa chambre, de ce sanctuaire où
elle a vécu les trois quarts de sa vie. Là, elle donnait carrière à ses appétits de solitude et aux petites
manies dont elle avait une pudeur singulière. Elle
rangeait elle-même son linge, disposait ses bibelots,
et n'aimait pas plus être surprise dans ces préparatifs
que dans son travail. Aussi sont-ils rares ceux qui
ont franchi ce seuil. Plus rares encore sont ceux qui
le franchiront. La chambre de George Sand a été fermée à clef après qu'on eut arrêté la pendule à l'heure
de sa mort.

Dans ces derniers temps, ses médecins lui avaient
conseillé de fumer moins de cigarettes (des cigarettes
à embouchure de carton roulé) et de tromper par
d'autres habitudes le besoin d'agir qui la tourmentait,
de concert avec le besoin de penser. Elle se décida à
paraître plus souvent au salon. Elle y faisait des patiences. Elle prolongeait aussi ses leçons à sa petite-
fille Aurore à laquelle elle octroyait des « jetons de
satisfaction » quand l'élève s'était montrée docile et
studieuse. Il y a quelques mois, elle se prit d'un zèle
ardent pour la peinture à la gouache. Son fils esquis-
sait les paysages : elle arrivait ensuite avec ses couleurs et ses pinceaux et donnait aux plans des valeurs
fort justes. J'ai vu les œuvres de George Sand

peintre. Elles se distinguent par une originalité qui frappe les moins connaisseurs... Rien de banal ne pouvait émaner de cette femme étonnante, qui n'a pas eu sa pareille dans le passé et n'aura probablement pas sa pareille dans l'avenir !

FERDINAND DE LESSEPS.

Il ne m'a jamais été donné de tracer un portrait
plus tentant, —car jamais figure n'a présenté à l'observateur des reliefs plus caractéristiques, et jamais
non plus, intelligence ne fut plus digne des louanges
de ses historiographes.

Ferdinand de Lesseps est un de ces rares grands
hommes desquels on peut dire qu'ils sont contemporains de leur gloire. Jeune à soixante-dix ans, — au
point que l'appeler « vieillard » serait un non-sens,—
il médite, à cette heure, des entreprises plus gigantesques encore que celle qu'il a su mener à bonne
fin... Après avoir fendu un coin de l'Afrique, il rêve
de couper en deux une des cinq parties du monde.
— Après le percement de l'isthme de Suez, qui éco-
nomise trois mille lieues aux navires, voici venir le
chemin de fer Trans-Asiatique qui nous mènera, d'une
seule traite, en quelques jours, de Paris à Pékin !

— Si Dieu le laisse vivre, me disait un de ses amis,
il réalisera, autour du globe, un boulevard avec ma-
cadam, platanes et becs de gaz, dans les cafés duquel

les peuples prendront l'absinthe, tous les jours, de quatre à cinq.

Voulez-vous voir de près ce Titan ? Montez au troisième étage, 9, rue Richepanse. Un homme de petite taille, d'allures vives et de gestes prompts, vous apparaîtra. C'est lui. Son visage, qu'a bistré le sirocco des océans et le simoun des solitudes, est illuminé par deux pupilles brillantes et foncées comme du jais. Sa moustache et ses sourcils, restés noirs, tandis que sa chevelure blanchissait, lui donnent l'aspect d'un sergent aux Gardes-Françaises. On a cru longtemps qu'il se poudrait la tête et se teignait la barbe : on le lui a même dit tout récemment dans un salon.

Il se contenta de sourire en montrant ses trente-deux dents intactes, et répondit :

— Je le voudrais que je n'en aurais pas le temps !

C'est dans ce modeste appartement, sur une table d'acajou, qu'ont été arrêtés les travaux du percement de l'isthme de Suez. C'est là que venaient,— que viennent encore, — ingénieurs, entrepreneurs, diplomates, altesses même ; et l'on ne peut s'empêcher de faire un rapprochement entre l'exiguïté de ce logis et l'éternelle grandeur de l'œuvre qui s'y est élaborée.

Si vous êtes accueilli (ce qui n'est pas douteux, car jamais illustration ne fut d'accès plus facile), n'espérez pas capter absolument l'attention de M. de Lesseps. Vous aurez à peine entamé l'entretien que les

portes s'ouvriront, et une nuée, — que dis-je ? — un
torrent d'enfants fera irruption dans vos jambes. Vous
penserez, — malgré vous, — à *la Sortie de l'école
turque*, une des meilleures pages de Decamps. Le
type uniformément oriental de cette lignée complètera
l'illusion. Aussitôt, retentiront des cris assourdissants.
Deux nourrices surviendront, portant chacune un baby
à la mamelle. Et cette volée d'héritiers et d'héritières
appelleront « papa » celui qui pourrait être leur bi-
saïeul ! Lui, calme, continuera la phrase commencée,
et il paraîtra tout surpris des inquiétudes que vous
donneront ces tapageurs, se cognant contre les meubles, renversant des guéridons, brandissant des cannes
et s'administrant des coups de parapluie. Un détail :
Tous ces enfants ont les pieds nus, quelles que soient
les rigueurs de la saison. Et notez ce point : jamais
ils ne toussent ; jamais leur cerveau ne se prend... Ils
ont le nez sec comme de l'amadou ! Madame de Lesseps a protesté longtemps contre ce système extra-
spartiate. Mais son mari a tenu bon. En dépit de ses
projets et de ses occupations, M. de Lesseps prodigue
ses soins à sa couvée. L'un de ses bambins, dont l'aîné
a cinq ans, eut dernièrement, au bout du doigt, un
bobo, qui, parvenu à maturité, exigea un petit coup
d'épingle : M. de Lesseps s'arma d'un lancette. Sa
femme, présente à l'opération, craignait qu'il manquât
de légèreté dans la main.

— Comment, vous tremblez ? fit le père, — improvisé chirurgien. — Après avoir percé l'isthme de Suez, je percerai bien un mal blanc !

La persistante adolescence de M. de Lesseps fait à la fois la joie et le chagrin de ses familiers qu'il surmène. Il n'est pas sans lui de partie joyeuse, mais aussi que de courbatures il a sur la conscience ! Durant les rares vacances qu'il se donne, il court à son château de la Chenaie, dans l'Indre, et c'est alors une succession de fêtes sans relâche. Ses invités, mis sur les dents, finissent bientôt par demander grâce. Dès l'aurore, l'infatigable châtelain, coiffé d'un tarbouch et vêtu d'une robe turque, sonne du cor ou agite les cloches. Il faut tout le jour chasser ou courir les chemins à sa suite, et, le soir, « pour se délasser, » il ne manque pas d'ouvrir le bal qu'il a organisé sans mot dire. D'autres fois, alors qu'on le croit rendu et terrassé par cet excès de dépenses physiques, il apparaît sanglé, botté, éperonné et monté sur un cheval qu'il choisit de préférence rétif et d'humeur indomptable...

Un souvenir à ce sujet :

Quand il fit, en Egypte, son premier voyage d'exploration, il voulut attacher le vice-roi à sa cause. Il y serait arrivé du premier coup s'il n'avait eu contre lui les conseillers du prince, officiers égyptiens dont l'esprit insensible aux véritables idées de progrès ne comprenait pas suffisamment la portée de son dessein. Un jour, M. de Lesseps enfourcha un cheval noir

superbe et arriva au camp du vice-roi à bride abattue.
Les généraux étaient à ce moment sur le front de
bandière, séparé du désert par un mur de pierre haut
de deux mètres. Le cavalier enleva sa monture par-
dessus cet obstacle avec l'aisance d'un jockey de
steeple-chase...

— Celui qui franchit si lestement une muraille a la
Sagesse avec lui, dit sentencieusement le plus vieux.

Ce fut ainsi que mon héros gagna les bonnes grâces de
ceux qui lui étaient hostiles. Leur sympathie se chan-
gea en amitié le soir même. Un aigle planait à deux cents
mètres au-dessus des tentes ; M. de Lesseps prit un
fusil chargé à balle et abattit l'oiseau qui tomba à ses
pieds... A quoi tiennent les choses ? Sans cette monture et sans cet aigle, le percement de l'isthme de
Suez serait peut-être encore à l'état d'hypothèse.

M. de Lesseps sourit quand il relate ce fait. Il s'a-
nime surtout à la pensée des difficultés, réputées in-
surmontables, qui, jusqu'en 1870, l'ont attendu chaque
matin à son réveil, pendant vingt ans... Car, pendant
vingt ans, le grand homme, inaccessible aux défaillances, dut marcher à sa conquête et dédaigner les
objections des sceptiques.

Son humeur affable et sa bienveillance excessive
lui avaient valu jadis de nombreuses amitiés sur cette
même terre d'Egypte,— alors qu'il y gérait le consulat
d'Alexandrie. Un ami de M. de Lesseps, M. Berteaut,
a raconté un fait qui prouve combien il est utile

d'obliger les gens, — surtout quand ces gens doivent régner un jour.

Mohamed-Saïd était encore enfant. Kœnig-Bey, son précepteur, fournissait à la fin de chaque mois des notes détaillées sur les études de son élève. Méhémet-Ali, son père, connaissant mieux les chiffres que les lettres, dit un jour à Kœnig-Bey : « Je te dispense de « toutes ces écritures; borne-toi à constater le poids « de mon fils. » Cet ordre fut ponctuellement exécuté. Lorsque Mohamed-Saïd grossissait trop, son père lui disait : « Tu engraisses, donc tu ne travailles pas, » et, sur cette simple induction, il lui appliquait des corrections sévères.

C'était une situation intolérable pour un enfant naturellement porté à l'obésité. Saïd se réfugiait alors au consulat de France, et M. de Lesseps intervenait pour implorer la clémence paternelle; mais le pacha était inflexible.

De guerre lasse, le compatissant consul essaya d'un autre moyen. Chaque jour, il faisait monter Saïd à cheval, et tous deux, ils se livraient à de longues courses dans le désert. Grâce à cet exercice fatigant, Saïd contenait son embonpoint; il évita ainsi bien des coups !

Ce souvenir ne s'était pas éteint dans la mémoire du prince; et quand, vice-roi, il revit son protecteur d'autrefois, il lui rappela sa généreuse conduite et ajouta :

— Non-seulement je vous autorise à commencer vos travaux dans mes Etats, mais encore à m'inscrire pour la somme que vous voudrez sur la liste des actionnaires de votre entreprise.

Jusqu'au jour de l'inauguration du canal, M. de Lesseps eut à déployer toute son ardeur et toute son activité. La veille, un bâtiment sombre et ferme la passe. Un incendie éclate plus loin, et enfin des ingénieurs annoncent qu'à vingt lieues un rocher, gros comme le Panthéon, vient de glisser des berges dans le canal qu'il obstrue complètement.

Tout le monde supplie M. de Lesseps de retarder la solennité.

— Pas du tout, dit-il, tout cela s'arrangera : il faut que cela s'arrange !

Et du ton le plus calme il reprit :

—Vous avez de la dynamite pour faire sauter le navire submergé,— de l'eau pour éteindre l'incendie, — des milliers d'hommes et de cabestans pour relever ce rocher. Que voulez-vous de plus ?

Mais le navire tenait bon, le rocher aussi, et l'incendie, qui avait éclaté dans un chantier, était plus grave qu'on ne le croyait... Des contrebandiers avouèrent, à la dernière minute, qu'ils avaient caché des barils de poudre sous les hangars. On était menacé d'une explosion qui pouvait anéantir la ville et combler le canal de débris et d'écroulements !

— Figurez-vous, m'a raconté M. de Lesseps, que

j'ignorais le matin même de l'inauguration le résultat
des efforts et des travaux entrepris, la veille au soir,
pour dégager la passe. Quand l'*Aigle,* à bord duquel
était l'impératrice Eugénie, s'engagea dans le canal, je
ne savais pas si la voie était libre et j'étais fort inquiet.
Le moindre empêchement devait donner raison à mes
ennemis, qui n'eussent pas manqué de s'écrier : « Nous
disions juste en prétendant que ce projet était le projet
d'un fou ! » Et puis, ces princes et ces princesses ac-
courus des quatre points cardinaux pour assister à cette
fête... quel désappointement pour eux !

Il était convenu entre moi et un courrier, monté à
bord d'un petit aviso égyptien, qu'il viendrait au-
devant de la flotte et que, placé à l'avant du navire,
il ouvrirait les bras en croix pour m'informer que la
route était libre. Juché sur la passerelle haute de
l'*Aigle,* j'interrogeais l'espace, et nous allions trop vite
à mon gré, car rien n'apparaissait. Enfin un mât pointe
à l'horizon... L'aviso se détache sur l'azur du ciel...

Il approche. Armé d'une lunette, je regarde son
avant. J'aperçois mon homme, les bras pendants ! ! !
Ah ! j'étais fort ému... Je frotte les verres du télescope,
je regarde de nouveau et... je vois ces mêmes bras se
lever et s'étendre !

Personne n'était initié, — hors le vice-roi et quelques
ingénieurs, — aux empêchements survenus. Sans mot
dire, je descendis de la passerelle, je bus un verre
d'eau et je tombai sur le pont de l'*Aigle,* dans un fau-

teuil, où je fus pris d'un sommeil de plomb... Des hurrahs me faisaient bondir deux heures après.

Mon œuvre était saluée par des milliers de bravos !

— On vous a réveillé, me dit l'Impératrice qui, sans que je m'en doutasse, était à mes côtés, vous reposiez profondément, pourtant !

— Majesté, fis-je, en me frottant les yeux, voilà vingt ans que je n'ai dormi comme cela !

L'appartement de M. de Lesseps est plein de présents et de souvenirs relatifs à sa chère Égypte où il se rend et d'où il revient aussi facilement qu'un Parisien en villégiature à Saint-Germain. Ce sont, appendus aux murs, des tableaux représentant les rives pittoresques de ce canal que lord Palmerston qualifiait de *rêve creux*.

Les tables et les consoles sont surchargées de bronzes commémoratifs. La coupe d'argent et d'or massif donnée au grand homme par l'Impératrice vaut deux cent mille francs. Elle est l'œuvre de l'orfèvre Fanière, qui a mis un an à la ciseler, et représente une gondole supportée par des tritons. Les souverains, présents ou représentés à l'inauguration de Suez, ont tous remis leurs grands cordons à M. de Lesseps, qui est, dans tous les ordres, avec les princes régnants, l'un des dignitaires les plus élevés. Que méritera-t-il le jour où son chemin de fer Trans-Asiatique sera livré à la circulation ? C'est une question à laquelle il répond lui-même :

— Je n'ai plus rien à envier et ne veux plus rien recevoir, me dit-il. Je ne tiens pas à la richesse car je n'ai pas de besoins. Je ne demande qu'une chose au ciel, c'est que mes enfants grandissent et prospèrent. Je me satisfais de l'espoir qu'ils marcheront dans la vie, fiers de leur père et heureux de continuer son œuvre, qui est celle de l'humanité et de la civilisation.

LE COMTE D'HAUSSONVILLE.

—

C'est un gentilhomme de grande race, de grandes façons et de grand savoir. Bâti comme un hercule, portant haut et parlant net, il a une ardeur, une fougue, un brio qui étonnent, et l'on se prend bientôt à l'admirer comme un vestige des âges héroïques... On sent en lui un rare tempérament de lutteur toujours prêt à l'assaut : *semper paratus ad bellum*. L'impression qu'il vous impose est celle qu'on ressent en présence des de Broglie, des de Ségur et de quelques autres illustres personnalités pour qui les combats politiques, les débats littéraires et les études historiques ont remplacé les batailles gigantesques où leurs ancêtres maniaient l'épée à deux mains au nom de Dieu et du Roy. Bref, quand on voit ce sexagénaire d'allure juvénile, — quand on l'entend surtout, — l'abat-jour vert, le catarrhe, la voix cassée, le chef branlant, et la série des infirmités dont tout journaliste à ses débuts croit devoir affubler les membres de l'Institut, rentrent bien vite dans l'arsenal des trop faciles railleries. Le comte d'Haussonville m'a rappelé le mot d'une éloquente trivialité que prononça le maréchal Soult au sortir d'une réunion où il avait été présenté à Lamennais :

— Mes enfants, disait-il à ses amis, ne vous y trompez pas. C'est un lapin !

Le comte d'Haussonville occupe, avec son fils, l'hôtel qui fait le coin de la rue Saint-Dominique et de la rue de Bourgogne. Cette construction seigneuriale, qui fut jadis la demeure des ducs de Cossé et devint ensuite la propriété de Corvisart, était encore en 1848 entourée d'un parc immense séparé par une grille des immeubles environnants.

— Je sais des principautés moins vastes que l'était alors mon habitation, m'a dit le comte. Aussi pouvais-je me croire dans un État où je régnais en souverain, et, quand vint la révolution, j'écrivis à l'un de mes proches une lettre qui finissait en ces termes : « Si le nouveau gouvernement me déplaît, je ne le reconnaîtrai pas. » Depuis que j'ai fait bâtir aux alentours, mon royaume se réduit aux proportions d'un pavillon situé entre cour et jardin... Je ne suis plus un monarque, je suis un propriétaire...

Les appartements du comte sont séparés par un simple palier de ceux de son fils. On pénètre chez l'académicien par une antichambre garnie d'étagères surchargées de livres, de brochures et de publications sérieuses. Pas de journaux. La *Revue des Deux-Mondes* seulement.

Le salon est grandiose. On y perçoit l'odeur spéciale qui frappe l'odorat dans les hautes salles des vieux châteaux. Pour tout ornement, des portraits de famille et l'image en pied de l'illustre aïeule, madame de Staël.

On sent qu'on est chez des gens d'autrefois, — des gens qui ont gardé les traditions superbes de la vraie noblesse, en dépit des révolutions et des prétendus progrès. Dirai-je que le piano de ce salon doit jouer plus de Mozart que d'Offenbach, et qu'il ne s'échange pas sur ces canapés couverts d'étoffe ancienne les propos frivoles dont on se pourlèche les lèvres chez les cocodettes du boulevard Haussmann ?

Le cabinet de travail de l'académicien est une vaste pièce recevant son jour par de larges fenêtres. Il est tendu de papier sombre : quelques tableaux sans intérêt égayent les murs de la note lumineuse de leurs cadres dorés. Une cheminée de marbre noir surmontée d'une garniture ancienne, deux larges divans, quelques fauteuils en acajou recouverts de velours d'Utrecht, tel est le sobre ameublement de cette pièce où je cherchais en vain le bureau obligatoire, quand je vis le comte se diriger vers un de ces hauts pupitres sur lesquels on écrit debout...

— C'est là que je travaille, fit-il ; il est vrai que je ne me suis pas condamné comme les journalistes à la ponte quotidienne d'un ou de plusieurs articles. Quel métier ! Et comme je comprends qu'il y en ait qui succombent à la peine ! Alexandre Thomas, Forcade, Prevost-Paradol, et tant d'autres que j'aimais, ont trouvé

la mort dans cette production surhumaine... Il en est
dont la robuste constitution a triomphé de ces rudes
labeurs ; leur cerveau n'y a pas résisté... Ils sont de-
venus fous !

Allons ! reprit le vieux gentilhomme après un soupir, puisque vous y tenez, parlons de moi. Mais je
vais être fort gauche, je vous en préviens. Je poserai
mal et mon portrait ne « viendra pas bien ». Vous
auriez dû me cacher la cause de votre visite, prendre
un autre prétexte... En vérité, je ne sais que vous
dire ?... Comme vous le voyez, ma demeure est des
plus simples. Ah ! si vous veniez à Gurcy... j'y ai collectionné d'assez jolies choses !... Gurcy est un château que j'habite six mois de l'année dans Seine-et-
Marne. J'adore la campagne. En dépit de ma vieillesse,
(à ce moment, le comte changeait de place un énorme
canapé qu'il portait comme une plume à bras tendu),
je suis encore un chasseur enragé... Oui, je chasse à
courre et à tir... Je monte beaucoup à cheval. Tous
mes aïeux étaient Grands-Louvetiers de France... Voulez-vous une cigarette?.. Ah ! j'y songe!.. je vais vous
montrer une pièce vraiment curieuse. C'est le livre
d'heures du connétable de Montmorency. Il est .de
beaucoup supérieur à celui d'Henri II que possède le
musée du Louvre!.. Vous en jugerez, puisque vous
êtes connaisseur.

Et ce disant avec une volubilité que je renonce à
rendre, le comte ouvrit une boîte de chêne sculpté

dont il avait été prendre la clef microscopique dans un coffret. Il en sortit avec mille précautions le précieux volume dont la reliure en velours nacarat rehaussé de broderies d'argent flétri (on serait flétri à moins !) portait à sa première page la date de 1529.

— Quand on pense que le connétable avait ce missel à la main, poursuivit M. d'Haussonville, lorsqu'il entamait ses patenôtres, — ces fameuses patenôtres à propos desquelles on disait alors : « Dieu nous garde des jurons de Châtillon et des patenôtres de Montmorency ! » Car vous n'ignorez pas que le grand capitaine était excessivement pieux et se mettait en prière à l'issue des combats où il avait accompli ses prouesses. Bien qu'il fût à genoux et abîmé dans sa foi, on lui amenait des prisonniers. — «Qu'on les pende !» s'écriait-il, et il reprenait tranquillement : « *Pater noster qui es in cælis...*» Mais il était interrompu de nouveau par un homme d'armes qui lui demandait de décider sur le sort d'un espion : « Qu'on lui tranche la tête ! » hurlait le connétable, et il continuait : «*Sancta Maria, mater Dei, ora pro nobis !* » Je ne saurais trop appeler votre attention sur les illustrations de ce manuscrit merveilleux. Firmin Didot les attribue à Jean Cousin, mais je ne les crois pas toutes de la même main...

— Où avez-vous trouvé ce chef-d'œuvre de conservation ?

— Il est dans ma famille depuis le mariage de Marie

Leczinska avec le roi Louis XV. Cette princesse, qui le tenait du duc de Bourbon, en fit présent à l'un de mes ascendants, négociateur de son union. Quand j'étais bambin et que je m'étais montré docile, ma mère prenait les Heures du connétable et les feuilletait sous mes yeux. Mais cela n'arrivait pas souvent, car j'eus une enfance... orageuse. Mon naturel était turbulent et peu studieux. J'étais régulièrement le dernier de ma classe. Je faisais rarement mes devoirs et, durant les leçons, je dormais ou je lisais. Bien que je fusse d'un exemple déplorable pour mes condisciples, mes maîtres en avaient pris leur parti et se contentaient pour toute observation de me dire de temps à autre :

— Ne ronflez pas si fort !

Ou bien :

— Ce que vous lisez, monsieur d'Haussonville, est sans doute très gai, mais veuillez ne pas rire aussi bruyamment, vous troublez le cours.

Or, il advint qu'en philosophie je me décidai à prendre part à une composition sur un sujet dont je ne me souviens plus. Le régent de la classe donna le surlendemain le résultat du concours. Nous étions trente élèves. Mon nom fut proclamé le premier. Je crus à une plaisanterie et je demandai au professeur s'il ne lisait point sa liste à rebours.

— Pas du tout, votre composition est la meilleure, me répondit-il.

Je vis dans ce succès la consécration de ma paresse
ou plutôt de mon indocilité, car, ainsi que je vous l'ai
dit, j'adorais la lecture, et quand on lit beaucoup, il
en reste toujours quelque chose... Etant donnée cette
instruction sommaire, vous vous demandez comment
il se fait que j'aie pu mettre au jour des ouvrages sérieux et devenir membre de l'Académie française?
Cela tient à ce que, de vingt à trente ans, j'ai appris
tout ce qu'on apprend d'ordinaire de dix à vingt. Lancé
de bonne heure dans la diplomatie, je me trouvai
en contact avec des hommes supérieurs. La honte de
mon ignorance me donna le courage de me remettre
au latin, au grec et au français, alors que j'étais secrétaire d'ambassade... En sortant des bals officiels,
je traduisais Tacite et j'interrompais mes rapports à
mon ministre pour réciter par cœur du Molière ou
du Bossuet. Ayant apprécié ainsi le bienfait des choses
sues en leur temps, j'ai voulu que mon fils fût érudit
de bonne heure. J'ai surveillé ses études avec une sévérité exceptionnelle. Le malheureux a expié les fautes
paternelles !

Chacun sait que le comte d'Haussonville fut l'un
des plus terribles adversaires de l'Empire, et, bien
qu'on l'ait vu plus haut adresser des critiques à la
fatigante profession du journaliste, il a été journaliste
lui-même. Il raconte même ses campagnes avec un
certain amour-propre :

— Procurez-vous le *Bulletin Français* que je rédi-

geais en Belgique avec Alexandre Thomas en 1852,
me disait-il, vous y verrez si je sais frapper dur
quand je m'y mets; vous y verrez aussi que je suis un
peu prophète... Je dois à la vérité de déclarer que j'ai
eu affaire à un ennemi généreux. Il m'a permis de
rentrer en France et ne m'a jamais inquiété. Aussi
n'aurais-je jamais rien tenté contre lui. C'était de ma
part un sacrifice véritable, car j'ai la nature de la
truite qui remonte les torrents et triomphe de leur
violence. Toute l'opposition militante de cette époque
a passé par ce cabinet où vous êtes. J'y ai vu des
ministres en herbe et des futurs dictateurs, dont la
creuse phraséologie n'était, n'est et ne sera jamais que
de la *bière fouettée*. Ils venaient me demander alors
de les mener à la bataille; je n'ai pas voulu prendre
de commandement. J'ai compris que ces messieurs
méditaient de m'employer à leur profit et non au profit du pays. Cela est si vrai, qu'à partir du jour où
d'affreux malheurs les ont portés au pouvoir je ne les
ai plus revus.

On peut ne pas partager la religion politique du
comte d'Haussonville, mais il serait injuste de ne pas
s'incliner devant la solidité de ses principes restés
inébranlables, dans un temps où les changements
d'opinion sont à l'ordre du jour et où les convictions passent par toutes les couleurs du prisme
avec une aisance lamentable.

Je lui demandais ce qu'il pensait de l'état présent et ce qu'il augurait de l'avenir.

— Le pays ne manque pas de talents, fit-il. Il manque d'hommes. Vous trouverez des gens qui se batailleront, qui se battront même pour leur opinion, vous n'en trouverez pas qui consentent à lui sacrifier leurs aises, leurs jouissances et leur fortune. C'est là qu'est le mal. Néanmoins j'estime que la France sortira de cette impasse. Elle tombe du haut mal tous les quinze ans, c'est vrai, mais à ces crises succèdent toujours des ères de grandeur et de prospérité. Les convictions véritables dont je déplore l'absence sont, à l'heure présente, dans leur période d'incubation... Vienne le jour de leur éclosion, nous serons sauvés. Les hâbleurs, les ambitieux et les finauds devront quitter la place... Aujourd'hui *les bons n'osent pas*. Les petits crevés, comme vous les appelez, et qui ne sont autres que les petits marquis d'avant 89 et la jeunesse dorée du Directoire, les gommeux enfin, sont atteints de paresse politique. Ils vont à leurs plaisirs, non pas parce qu'ils sont efféminés, — on a bien vu le contraire pendant la guerre, — mais parce qu'ils sont en proie à je ne sais quel découragement, à je ne sais quelle désespérance et à je ne sais quelle anémie morale ! Et puis il y a comme une crainte du ridicule dans cette abstention du plus grand nombre. Il est de fait qu'on rit aujourd'hui d'une sincère conviction comme d'une chose bouffonne... L'autre jour j'entre, rue de la Paix, chez un barbier. — Ce matin-là, je n'avais pu, faute de temps et contre mon habitude, me raser moi-même. Il y avait là beaucoup de clients. Je livre mon menton à l'exécuteur, un homme tout jeune, de vingt-cinq ans à peine. L'opération finie, il me demande si je veux un coup de fer.

— Un coup de fer ! dis-je en portant la main à mon crâne dénudé. Il n'y a pas de quoi, mon ami ! et là où il n'y a pas de quoi, le roi perd ses droits.

A ces mots le perruquier lève ses yeux et ses bras au ciel.

— Ah ! monsieur, s'écrie-t-il, si le roi a perdu ses droits, c'est bien parce qu'il l'a voulu !

Une hilarité générale accueillit cette exclamation. tous les clients riaient à se tordre, — la plupart sans se douter qu'ils étaient parfaitement grotesques avec leurs joues savonnées et leurs serviettes au cou.

L'infortuné, qui, dans un irrésistible élan, avait exprimé sa foi et ses regrets, rougit, balbutia quelques mots et s'enfuit comme s'il avait eu honte de lui-même. Voilà où nous en sommes !

Ainsi qu'on l'a pu voir dans cette rapide ébauche, le comte d'Haussonville n'est pas de ces érudits enti-chés du passé (*laudatores temporis acti*) pour qui le salut n'existe pas hors de leurs écrits et de leurs croyances. C'est un moderne. Malheureusement sa surdité,— vous ai-je dit qu'il était sourd ? — l'empê-che d'aller au théâtre. Aussi a-t-il dû, quand il a été appelé à recevoir Alexandre Dumas à l'Académie, lire, relire plutôt, l'œuvre du récipiendaire.

— La pénitence m'a paru douce, m'a dit le comte en me montrant les brochures, les pièces et les livres de Dumas alignés sur une table... J'ai passé de bonnes soirées en compagnie de ces romans et de ces drames. Notre nouveau compagnon est un observateur d'une grande finesse, et je m'y connais, n'en déplaise à Marast, qui écrivait quelque temps après mon mariage :

« D'Haussonville croit avoir de l'esprit parce qu'il a épousé mademoiselle de Broglie sous le régime de la communauté. »

Quelques minutes d'entretien avec M. d'Haussonville démontrent que l'apport des deux conjoints a été au moins égal.

JOHN LEMOINNE.

———

Le *Journal des Débats* devra se souvenir de l'année 1876... La plus haute assemblée littéraire de notre pays recevait, le 2 mars, — en séance publique, — M. John Lemoinne, rédacteur des *Débats*, qui s'asseyait dans le fauteuil de feu J. Janin, rédacteur des *Débats*, et M. Cuvillier-Fleury, rédacteur des *Débats*, répondait au discours du récipiendaire.

Si le journal de la rue des Prêtres-Saint-Germain-l'Auxerrois a raison d'être fier, les autres feuilles, petites et grandes, doivent également tirer vanité de l'admission de John Lemoinne à l'Institut. Notre éminent confrère résume la presse française en une remarquable personnalité. Et l'Académie, — en l'accueillant, — nous accueille tous, — depuis le *leader* solennel qui admoneste le Pouvoir jusqu'au folâtre faiseur de nouvelles à la main... Tous ceux qui ont lu les articles du nouvel Immortel ont constaté qu'ils unissent une verve étincelante à une éloquence de premier ordre et qu'ils justifient le jugement porté sur leur auteur par le prince des critiques :

— John Lemoinne, disait Janin, nous fait assister

au rare hymen de la forme et de l'esprit... Il *ose* être fin et amusant dans un milieu où il suffit d'être sage et correct.

Le journaliste académicien a soixante ans... Je gage que vous vous le figurez grand, maigre, vêtu de noir, cravaté de blanc et d'allure compassée. Vous vous trompez : John Lemoinne est un homme d'un commerce charmant et d'une gaieté sans relâche. Je ne sais pas de causeur plus séduisant... j'allais dire : moins académique. Son apparence extérieure ne trahit pas les aptitudes qui lui valent la gloire de siéger dans le palais des Quarante. En le voyant, avec sa barbe taillée à l'américaine, s'avancer en se dandinant, le chapeau en arrière, le menton en avant et les pieds en dehors, on le prendrait pour un *manufacturer* de Boston qui court à son *office*... et sans certaines façons aristocratiques dont l'aspect frappe et retient, on serait tenté de lui demander ce qu'il est venu vendre à Paris.

Sa taille est petite... Petites sont ses mains, petits ses pieds, petites ses jambes, petit son torse, — seule la tête est forte. Le crâne volumineux et le front bombé semblent donner raison à je ne sais quelle théorie allemande qui compare le cerveau à un muscle et lui assigne un développement proportionnel aux exercices qu'on lui impose. Les traits du visage, accentués et d'un dessin un peu heurté, auraient quelque sécheresse s'ils n'étaient éclairés par l'éclat de

deux yeux malicieux, vifs et ronds : — les yeux du
Punch anglais.

La vie privée de M. John Lemoinne manque de re-
lief. Il est de ceux qui, — semblables aux peuples
heureux, — n'ont pas d'histoire, — ni d'histoires. Son
existence s'écoule, calme et laborieuse, jusqu'au soir,
dans son logis. Il écrit ses articles — d'un seul jet, —
sans retouches, et les envoie, tout chauds, à l'imprimerie... Jamais il ne revoit ses épreuves, et, à ce titre,
il inspire une vénération véritable aux compositeurs
que les corrections horripilent.

Dès qu'approche l'heure du dîner, le rédacteur des
Débats passe son habit et se rend à l'une des cinq ou
six invitations qu'il reçoit tous les jours... Il n'a que
l'embarras du choix. C'est un convive que l'on se dis-
pute; car nul ne sait, à la fin d'un repas, soutenir une
thèse sérieuse ou frivole d'une façon plus originale et
plus attrayante... Ajoutez à cela qu'il ne se voile pas
la face si la conversation prend un tour gaulois et ne
se retient pas de rire au bon moment.

En dépit de ses succès et de l'empressement dont
il se voit l'objet, John Lemoinne pousse la modestie
à l'excès... Il ne comprenait pas, le jour de son élec-
tion, que sa personnalité fût le point de mire de
l'attention publique.

— Croiriez-vous, me disait-il quelques heures avant
de se rendre à l'Institut, qu'on est venu me deman-

der mon portrait pour le mettre dans l'*Illustration*, dans le *Monde illustré* et dans d'autres journaux à images? Et l'on m'a prévenu que j'essuierais d'autres assauts! Heureusement que le scrutin de dimanche (il devait y avoir, ce dimanche-là, des élections législatives) va détourner de moi ces relancements auxquels je suis peu fait et qui troublent ma paix.

La première fois que j'ai vu John Lemoinne, c'était dans le monde. Assis dans un fauteuil trapu, la tête renversée et les mains jointes, dans l'attitude béate que donne la digestion de mets exquis, arrosés de crus généreux, le journaliste parlait... Autour de lui, assises en cercle, une douzaine de jolies femmes. Il leur contait une ascension qu'il fit — voici bientôt vingt-cinq ans.

L'Hippodrome de la place d'Eylau faisait, à cette époque, figurer dans le programme de ses fêtes des départs en ballon, et ce spectacle tout nouveau attirait une foule énorme. John Lemoinne, qui était garçon alors, franchit la barrière qui séparait les gradins de l'arène, et s'en fut demander au capitaine de l'aérostat la permission de l'accompagner dans les airs. C'était un Anglais nommé Gall. Il fut d'autant plus séduit par cette proposition, simplement formulée, que les amateurs étaient rares, et il accueillit avec joie dans sa nacelle ce camarade inattendu. Au moment du *lâchez-tout* :

— Un instant, fit le publiciste, j'ai un mot à dire à quelqu'un.

Et se penchant vers un gentleman qui regardait curieusement les apprêts du départ :

— Monsieur de Morny ! cria-t-il, auriez-vous l'obligeance de prévenir mon concierge, qui m'adore, qu'il ne soit pas inquiet si je ne couche pas chez moi ce soir ?

M. de Morny reconnut son ami Lemoinne, et il allait peut-être blâmer sa détermination, quand le ballon s'éleva dans les airs, aux applaudissements des spectateurs.

Monté à une altitude de mille mètres, l'aéronaute dit à son compagnon ·

— Vous n'avez pas peur ?

— Non.

— Eh bien, nous allons tirer un feu d'artifice.

— Comment ? un feu d'artifice !

— Oui, et je compte sur vous pour tenir ferme et diriger adroitement les chandelles romaines. Car, voyez-vous, si une flammèche touchait l'enveloppe du ballon, il éclaterait et alors...

— Vous y tenez beaucoup à votre feu d'artifice ? hasarda John Lemoinne.

— Sans doute. C'est d'un effet si joli... pour ceux qui sont à terre.

Le feu d'artifice fut tiré.

— J'avoue, dit John Lemoinne en terminant, que durant l'opération ma main tremblait légèrement. Avec cela, il soufflait une brise qui rabattait sur nous des gerbes d'étincelles... Enfin, le soir même, nous opérions à Esbly (près Meaux) une descente heureuse. Au moment de me quitter, le capitaine Gall me dit avec un sourire que je n'oublierai de ma vie :

— Nous l'avons échappé belle!... Voyez !

Et j'aperçus que l'une des parois de la nacelle fumait... Une flamme de Bengale avait mis le feu à quelques brins d'osier. Une heure de plus en l'air, et c'était fait de nous... Mon concierge m'attendrait encore !

John Lemoinne adore les voyages. Un départ de Paris lui inspire des joies d'enfant. Sa malle est toujours faite. Sans sa femme et ses trois adorables filles, il donnerait plus souvent carrière à ses appétits migrateurs; mais, dans l'antagonisme de son affection paternelle et de sa fièvre de déplacement, l'amour de la famille l'emporte. Il soupire, embrasse ses enfants et remet à plus tard l'excursion projetée.

On a écrit un jour que M. John Lemoinne « avait une situation » chez M. de Rothschild. Je ne prendrai pas la peine de démentir ce racontar, mais je veux dire que, le lendemain même, le publiciste rencontrait le riche baron.

— Vous savez, lui dit-il en riant, qu'on a imprimé que j'avais chez vous un crédit illimité ?

— Non...

— J'ai d'abord voulu démentir ce bruit... Et puis j'ai réfléchi que j'avais des filles et qu'il me les faudrait marier un jour. Cette rumeur ne peut pas nuire à leur établissement, n'est-ce pas ?

Les gens de vie modeste, intègre et retirée peuvent seuls se permettre de telles plaisanteries... Chacun sait que John Lemoinne dédaigne l'argent, comme ceux qui n'ont pas de besoins et ne trouvent dans la richesse que des satisfactions secondaires.

Au surplus, je renvoie mes lecteurs au discours de réception de M. John Lemoinne à l'Académie. On y a vu combien nous devons être honorés d'avoir pour confrère et représentant à l'Institut — cet écrivain de talent, qui possède au plus haut degré le courage civique, — cet homme bienveillant et serviable, auquel on ne connaît pas de défaillances et dans l'œuvre duquel on chercherait en vain une personnalité de mauvais ton.

— Mais vous n'avez pas parlé politique dans votre discours ! lui disait avec étonnement, quelques jours avant la cérémonie académique, un de ses collègues auquel il venait de lire sa harangue. Est-ce oubli ou malice ?

— Ni l'un ni l'autre, répliqua le publiciste : je n'ai

pas touché aux questions sociales dans mon discours, parce que je ne le pouvais faire qu'en froissant de légitimes susceptibilités... Que diriez-vous d'un monsieur qui, accueilli dans un salon, marcherait sur les pieds de la moitié des assistants ?

Tout John Lemoinne est là.

GRÉVIN.

Je me rappellerai toujours la mystification dont fut victime, sous mes yeux, un provincial conduit, avant la guerre, au bal de l'Opéra, par un journaliste facétieux... Ils étaient accoudés tous deux sur le rebord d'une loge et le reporter présentait, de loin, à son compagnon, les célébrités parisiennes.

— Vous voyez, lui disait-il, ce masque en chemise de foulard rouge, chaussé de bottes à l'écuyère et coiffé d'un casque à plumet gigantesque ? Tenez !... il termine à l'instant un « cavalier seul » aux applaudissements de la galerie... C'est le dessinateur Grévin.

— Il est bien tel que je me le figurais, répondit le provincial. Seulement, je le croyais plus « cascadeur » encore... Ah ! le voilà qui s'anime... trop même... les huissiers l'avertissent... Il continue de plus belle... Les municipaux s'en emparent... Il résiste... quelle lutte !... enfin l'armée triomphe... et l'emmène au poste... Pauvre garçon !

— Oh ! n'en ayez pas pitié ! reprit le reporter. Pareille aventure lui arrive tous les samedis. Il a sa place réservée au violon, et c'est assis sur la dure banquette des cachots qu'il crayonne ses gracieux croquis.

Cette anecdote semblera particulièrement piquante à ceux qui ont, comme moi, la bonne fortune d'en connaître le héros. Entre le chicard disloqué et le peintre de nos mœurs galantes, il n'y a pas de rapprochement possible.

Grévin est le bourgeois le plus « bourgeoisant » de la République française. Son existence chaste, uniforme et honnête, s'écoule à Saint-Mandé, dans un cottage mignon, bâti sur une parcelle de l'ancien clos Berulle. Il est bon époux, — demandez plutôt à sa femme, — et fut même, en son temps, bon conseiller municipal. Saint-Mandé dut à son intervention d'être à la fois épargné par les Prussiens et par les fédérés.

— Laissez-nous la paix, dit-il à Cluseret, auprès duquel il s'était rendu ; nous sommes plus communards que vous, puisque nous sommes en commune depuis plus longtemps que vous !

Je pourrais ajouter que le spirituel dessinateur est bon père, — bien qu'il n'ait pas d'enfant. Il a reporté sur ses bêtes les tendresses qu'il eût prodiguées à sa lignée. Ses chiens (Toto et Pata), son canard mandarin et ses poissons rouges sont l'objet de ses soins assidus.

Un de nos confrères, désireux de fonder un journal illustré, l'alla voir un matin. Il le trouva anxieux et

agité. Le béret de feutre marron, qu'il porte habituellement sur l'oreille, tombait sur son front assom-
bri ; accroupi sur la margelle de la cuvette cimentée
où nagent ses cyprins, il suivait d'un œil inquiet les
évolutions de cette friture chère à son cœur et prêtait
une attention médiocre aux propositions, — plus do-
rées encore que ses poissons, — dont on assiégeait ses
résistances.

— Je ne vous demande qu'un dessin par semaine,
disait le directeur ; on vous le payera ce que vous
voudrez...

— Il a gelé cette nuit, murmurait Grévin sans
l'écouter. Les pauvres petits ont dû avoir bien froid !...
Voyez comme celui-ci est pâle... Si je versais une
bouillotte d'eau chaude dans le bassin ?... Qu'en
pensez-vous ?... Je ne peux pourtant pas leur mettre
des gilets de flanelle... Oh ! que les enfants donnent
de mal !... Allons bon, en voilà un qui se pâme : décidément l'eau est trop froide !

Grévin a cinquante ans. Grand, puissant, plétho-
rique et large d'encolure, il semble né pour manier la
massue d'Hercule plutôt que pour promener, sur du
vélin, la plume légère d'où sortent ses gommeux et
ses gommeuses. Il se lève au petit jour et s'assied immédiatement devant son pupitre, — en sorte que la
vertueuse Aurore le voit élucubrer ses compositions
les plus lestes et tracer, au-dessous, les légendes comiques ou profondes qui le placeront à côté de l'im-

mortel Gavarni dans l'histoire philosophique de notre
société. Son insurmontable timidité détonne avec les
audaces de son crayon. Il parle à voix basse, dans sa
grosse moustache poivre-sel, comme s'il avait peur
d'attirer sur lui les regards, et je serais assez tenté
d'attribuer à son désir de passer inaperçu l'habitude
qu'il a de relever le col de son vaste paletot.

J'ai rencontré Grévin dans les milieux les plus
bruyants et les plus échevelés, — dans les bals pu-
blics où il cherche ses types et dans les coulisses des
théâtres où il médite — sur le vif — l'effet de tel ou
tel costume : il m'a toujours paru plus réservé et
plus contenu qu'une première communiante.

Il a l'œil à la fois étonné et doux du fauve au repos.
Sa chevelure grisonnante encadre, à la façon d'une cri-
nière, sa bonne et franche figure dont les traits rappellent ceux d'Honoré de Balzac. — Pour me résumer,
l'expression dominante de sa personne est un mélange de force et de bonté.

Il fut un temps où Grévin fréquentait les guinguettes
des barrières... Un camarade l'accompagnait, qui avait
pour mission spéciale d'aborder, sous un prétexte
quelconque, les valseurs à casquette flasque et les dé-
gusteuses de vin chaud. La conversation s'engageait
et Grévin croquait, à son aise, ses modèles immobi-
lisés par ce stratagème. Un soir qu'il avait oublié son
carnet, il fut obligé de dessiner ses personnages sur
la manchette gauche de sa chemise avec des bouts

d'allumettes à demi consumées. Une nymphe de ce bocage, qui s'était assise auprès de lui, remarqua cette particularité et crut que l'artiste portait du linge illustré pour de bon.

— C'est gentil, ces chemises-là ! fit-elle... J'en achèterai une pareille à mon homme. Mais pourquoi n'y a-t-il pas aussi des caricatures sur le col ?

— Ne m'en parlez pas, madame, fit Grévin d'un ton désolé... c'est ma blanchisseuse qui l'a fait déteindre en abusant de l'eau de javelle !

On connaît les relations de Grévin avec les directeurs de théâtres et les auteurs dramatiques. Sa solide érudition, ses recherches dans les bibliothèques et sa riche collection d'estampes de tous les âges et de tous les pays lui ont donné une compétence sans rivale en matière de costumes. Aussi, ne se reçoit-il pas à Paris une pièce importante, — sérieuse ou légère, — sans qu'on fasse appel à ses avis et qu'on sollicite le secours de son talent. J'ajoute qu'il ne se donne pas un bal masqué dans les sphères mondaines ou artistiques sans qu'il soit relancé dans son ermitage par les couturières en renom et même par de grandes élégantes. Son goût exquis et son intarissable imagination lui permettent de satisfaire tous ses solliciteurs... Le comte de Turenne n'a-t-il pas emporté du cabinet de Grévin et expédié à Vienne le costume porté par la princesse de Metternich dans une représentation dont on parla beaucoup ?

L'hiver dernier, certaine baronne, priée à une fête travestie, obtint de Grévin un croquis qu'elle remit à sa tailleuse avec injonction de l'exécuter fidèlement. Il s'agissait d'un de ces raouts merveilleux qui font sensation dans le *high-life*. Mais voilà que la couturière fut prise de grippe sans que sa cliente en fût prévenue, et, le soir du bal, la baronne attendait son costume, qui n'arrivait pas, en compagnie de Grévin, venu pour donner à l'ensemble le coup d'œil final. Il était onze heures... La femme de chambre, envoyée pour presser la fournisseuse, revient et raconte les causes du contre-temps. Stupéfaction et larmes de la baronne qui, dans son désespoir, se tordait les bras.

— Voyons, ne vous désolez pas, madame, faisait Grévin, sincèrement ému par cette douleur.

— Ah! c'est dur de renoncer à un plaisir si long-temps désiré! gémissait la victime entre deux sanglots.

— Vous irez! s'écria tout à coup le dessinateur. Avez-vous des serviettes-éponge?

— J'en ai deux douzaines dans mon cabinet de toilette.

— Donnez-les moi!... Ce n'est pas tout : Je veux toutes les plumes qui garnissent le plumeau de votre valet de chambre... Je désire aussi que vous me permettiez de décrocher cette portière turque.

— La voilà! fit la belle désolée en arrachant le rideau avec la vigueur que savent déployer les femmes dans les occasions solennelles.

Grévin s'arma d'une aiguille et... sur le coup de minuit, la baronne entrait au bal, en esclave smyrnienne !

Son apparition fut saluée par des acclamations enthousiastes et l'on parlera longtemps, au faubourg Saint-Germain, de ce déguisement original improvisé en une heure avec ces éléments primitifs !

Dans les théâtres, Grévin veille lui-même à l'observance de ses indications. Au besoin, il taille de ses mains, en plein drap, le pourpoint ou le haut-de-chausses d'un personnage nouveau, créé par les auteurs au dernier moment. On le rencontre dans les escaliers qui conduisent aux loges des actrices, armé d'une paire de ciseaux énormes. Sa barbiche et ses cheveux sont parsemés de fils de soie dont les extrémités serpentent sur son dos et sur sa poitrine et lui donnent l'air des « fleuves » du jardin des Tuileries. De ses poches pendent, en ballottant, des bouts de ganses et des lambeaux de galons. Il arrête parfois au passage une figurante qui descend en scène, lui relève les cheveux et donne aux plis de sa tunique une ordonnance harmonieuse... De toutes ces jolies maquettes (j'emploie sa propre expression) la plus docile et la plus agréable à vêtir, c'est Judic, des Bouffes. — Judic qu'il a, le premier, signalée à l'attention des directeurs, — Judic dont on retrouve les traits dans tous ses dessins, — Judic qui sait et reconnaît qu'elle doit à Grévin sa mise en évidence et la raison plastique de ses succès.

— Mon bon ami ! — disait-elle un soir en endossant un corsage fort décolleté, dessiné par le maître, *vous me découvrirez donc toujours !*

Grévin travaille avec une facilité remarquable... mais il pense longuement ses compositions. Je désirais connaître par le menu le travail de conception et les phases d'enfantement qui précèdent l'apparition de ses œuvres. A cet effet, je lui avais, dans une lettre, demandé le secret de son procédé.

Voici, en partie du moins, sa réponse :

« Mon cher Marx,

» Je ne sais que vous répondre. Vous me demandez comment je procède pour faire mes croquis ? Je prends mon courage d'une main, ma plume de l'autre, et

. . . .
. . . .

j'écris dessous... ceci, par exemple :

« — C'est Lisa qu'est embêtée : vous savez, sa p'tite dernière ? Eh bien ! personne ne veut la reconnaître !

« Et voilà !

« A vous,

« A. Grévin. »

Les deux lignes de points remplacent, ici, désavanta-
geusement, un petit chef-d'œuvre, un croquis plein de
vérité que m'envoyait Grévin et qui montre, dans son
costume de théâtre, derrière un portant de coulisse,
la jeune ballerine, auteur de la réflexion de la fin.

N'est pas connu qui veut au delà du département
de la Seine. Il est des talents dont le retentissement ne franchit pas le fossé des fortifications, et des
personnalités fameuses au boulevard dont les noms
sont absolument ignorés des habitants de Romorantin.
Tel n'est pas le cas de Grévin. L'étoile du *Journal
amusant* et du *Charivari* jouit d'une réputation que
j'ose dire européenne, puisqu'on retrouve ses albums
non seulement dans les localités les plus infimes,
mais encore dans les salons de toutes les grandes ca-
pitales. Cette notoriété, justement acquise, lui vaut
même, comme vous allez en juger, de singuliers
cadeaux :

Grévin possède en... — mettons en Normandie —
un admirateur passionné qui ne l'a jamais vu et l'aime
d'amour extrême sur la foi de ses productions. C'est
un cultivateur d'humeur folâtre, éleveur de bestiaux
et de volailles qui lui expédie tous les ans, à époque
fixe, une bourriche monstrueuse contenant dans ses
flancs des chapons d'embonpoint excessif, des jam-
bons colossaux et des gigots improbables, sans compter des pots de beurre, des paniers de fruits et des

chapelets de saucissons. Cet envoi plantureux arriva longtemps à Saint-Mandé sans autre indication qu'un bulletin d'affranchissement, et Grévin dut pour cette cause majeure dévorer sa gratitude en même temps que ses victuailles... Une fois, pourtant, au milieu d'un dîner offert à quelques intimes, il trouva dans le ventre d'un poulet un mot dont la cuisson avait respecté la teneur ainsi conçue :

« Votre dernière caricature, où un gandin dit à
« sa maîtresse qu'il prononce *colidor* pour corridor
« *par égard pour sa mère*, m'a fait rire aux larmes.
« Vous avez plus que de l'esprit : vous avez du
« génie. Je suis trop heureux de vous témoigner ma
« sympathie par ces modestes échantillons de mon
« industrie. »

Suivaient le nom et l'adresse de l'expéditeur. Séance tenante, Grévin et ses convives libellèrent une adresse de remercîments à l'éleveur fanatique. Ils insistèrent particulièrement sur la saveur de certain quartier d'agneau... La lettre partit le soir même.

Huit jours après, Grévin était invité à passer au bureau de la petite vitesse à la gare du chemin de fer...

— Vous faites donc le commerce des bestiaux ? lui dit l'employé.

— Moi ?... comprends pas...

— Dame, vous avez ici huit moutons, débarqués d'hier soir.

— Huit moutons ! ! !

— Superbes... Veuillez les enlever, car ils bêlent sans cesse et nous empêchent de dormir.

Au même instant survient la cuisinière du dessinateur. Elle lui remet un pli pressé. Grévin l'ouvre et part d'un éclat de rire...

« Vous aimez l'agneau, lui disait simplement son « admirateur, — permettez-moi de vous en offrir « quelques-uns... En les refusant vous me causeriez « un chagrin véritable. »

M. Grévin dut emmener son troupeau, — qui lui donna pas mal de tablature, — dans les rues de Saint-Mandé : les moutons, effarés, entraient dans les magasins, s'enfuyaient dans les allées ou broutaient l'étalage des herboristes... Il y en eut un qui ne consentit jamais à sortir de la boutique d'un pharmacien. Grévin fut forcé de le charger sur ses épaules, — à la manière du Bon Pasteur. Lorsqu'il raconte cette aventure, Grévin ajoute, sur le ton bienveillant et résigné qui lui est propre :

— Nous avons mis six mois à les manger, ces huit moutons ! mais il était temps que cela finît... j'avais la nostalgie du bœuf !

LE SARDOU D'AUTREFOIS.

———

Vous connaissez tous le Sardou d'aujourd'hui, le
dramaturge au visage jaune et osseux, aux longs cheveux noirs, au corps grêle et voûté. La photographie
vous a montré, chez tous les papetiers, son masque
résolu qui tient de celui de Bonaparte, premier consul,
ou de Taillade, ex-général en chef des batailles du
Cirque.

Le Sardou que vous ne connaissez pas, c'est le Sardou d'autrefois, le carabin pauvre, pour qui les déjeu-
ners étaient des problèmes et les dîners des hypo-
thèses..... Il a sa grandeur aussi, celui-là !

Sa figure avait alors la même expression qu'à cette
heure. La volonté avait déjà creusé ses sinus profonds,
le long de ses joues et aux coins de sa bouche, et
déjà son œil brillait de cette lueur diffuse et voilée,
semblable aux flammes des foyers devant lesquels on
abaisse des toiles métalliques... Déjà aussi, l'adolescent besoigneux, qui nichait dans une soupente fu-
meuse du quai des Grands-Augustins, possédait l'al-

lure triomphante et décidée qui caractérise les gens qui ne doutent de rien, — ni d'eux-mêmes.

Sardou ne doutait pas, en effet. Il avait la foi : cette force insurmontable qui défie l'assaut des déboires et des privations.

— Mon cher ami, me disait tout dernièrement l'auteur de *Ferréol*, en me contant les épreuves qu'il avait dû subir à cette époque, j'étais si sûr d'arriver, je croyais si fermement à mon avenir qu'un soir, n'ayant pas de quoi souper, je rentrai chez moi et me mis à songer le plus sérieusement du monde à la disposition du château que j'achèterais sitôt devenu millionnaire. Je me souviens même que, prenant un crayon, je m'amusai à dessiner les plans et l'ornementation de la bibliothèque en chêne sculpté qui garnit aujourd'hui les murs de mon cabinet de travail... J'avais pour propriétaire un brave carreleur de souliers qui me sous-louait une des deux pièces de son logis : c'était une mansarde prenant jour par une lucarne, et, pour y arriver, il fallait traverser le taudis du bonhomme... On respirait-là je ne sais quelle odeur de cuir mouillé et de poix fondue qui calmait un peu ma faim en me donnant des haut-le-cœur. L'odorat a sa mémoire... En ce moment même, il me semble sentir ces effluves nauséabondes auxquelles se combinaient les émanations carboniques d'un poêle de fonte chauffé à blanc..... Il en est de ma bibliothèque comme des mille bibelots qui décorent maintenant ma demeure de Paris ou ma propriété de Marly... Tous me représentent les rêves dorés que je faisais alors sous l'empire de cette hallucination spéciale que communiquent au cerveau les angoisses d'un estomac vide..... Il m'est arrivé bien souvent, n'ayant pas un sou dans ma poche, de marchander un tableau de maître ou un émail cloisonné et de dire à l'antiquaire : « Plus tard, quand je serai riche, je vous achèterai cela. » Je vous montrerai chez moi un Bernard Palissy de toute beauté qui m'a attendu dix ans... »

La femme a joué un grand rôle dans la vie de Sardou. Il la lui a toujours fallu à ses côtés et il a aimé, non pas les femmes, mais la femme, — avec ses faiblesses et ses imperfections. — Il ne s'est d'ailleurs jamais montré que médiocrement surpris des défaillances qui constituent le propre du caractère féminin.

Dans les moments de détresse dont je parlais plus haut, il vivait avec une fort jolie personne, d'un naturel ondoyant, et qui professait pour la toilette un culte contradictoire avec les ressources de l'époux de son choix. A force de démarches et de durs labeurs, Sardou parvenait à trouver de l'argent pour acheter des chiffons à sa belle, il faisait même des dettes... beaucoup de dettes...

Un matin la dame partit, laissant à son Sigisbé, — pour tout souvenir, — une dizaine de mille francs à payer à des tailleuses et à des modistes... Le malheureux dut, pour faire face à ces engagements, opérer des miracles et prélever sur les sommes affectées à sa nourriture de quoi éviter les visites des gens de loi. Au milieu de ses tracas, il recevait des lettres de sa volage qui s'était rendue à Rome au bras d'un compagnon millionnaire.

« Mon ami, écrivait-elle au délaissé qui gelait dans une chambre sans feu... il fait ici un temps superbe, le carnaval est plein de gaîté. Je m'amuse et j'engraisse, aussi je n'ai jamais été aussi jolie. J'espère que de ton côté tu t'amuses et penses quelquefois à ton amie. » S'il y pensait ? tous les mois!...et à époque fixe encore !

Mais il n'eut pas toujours affaire à de si cruelles fantaisistes. Sardou s'adjoignit, un an plus tard, une maîtresse qui, comme lui, éclatait de rire au nez de la misère et discutait la supériorité de la bécassine sur le faisan le jour où son amant avait laborieusement trouvé de quoi acheter une portion de pommes de terre frites.

Un matin, le futur auteur de *Patrie* apparut radieux et jeta sur la table une poignée de louis.

— Ma chère, dit-il à sa compagne, ma pièce est reçue à l'Odéon. J'ai définitivement doublé le cap de la gène. Voici enfin les heures de calme... Ah! qu'il me tarde de partager mon bonheur avec vous !

Le front de sa maîtresse s'assombrit...

— Alors, fit-elle avec une moue dédaigneuse, nous allons avoir de l'argent? Plus de soucis? Plus de douleur? Nous mangerons tous les jours? Merci... je ne puis vivre ainsi.

Elle fit un paquet de ses hardes, partit et ne revint jamais.

De son propre aveu, Sardou chercha de bonne heure à tirer de ses amours d'utiles enseignements pour son théâtre... Il provoquait même les situations et, bien qu'il y jouât un rôle parfois terrible, il restait assez maître de lui pour pouvoir noter « les effets » et leur assigner une place dans telle comédie ou tel drame qu'il méditait.

Aujourd'hui le bohème sans feu ni lieu est seigneur suzerain d'un beau castel..... Le répétiteur famélique qui donnait des leçons au fils d'un bey, pour ne pas aller coucher dans les carrières d'Amérique, habite, rue de Clichy, un délicieux hôtel où il a donné carrière à sa folie du confort. Porcelaines de Sèvres, tapisseries de Beauvais, bronzes d'art, meubles anciens; toutes les merveilles que l'art ancien et l'industrie moderne ont produites sont entassées dans cet éblouissant capharnaüm. On y remarque surtout une collection de meubles de la fin du dernier siècle. Grâce à eux et à ses chers livres, Sardou s'identifie avec l'époque qu'il retrace dans son travail historique sur la Révolution française. Ce travail, que les commandes directoriales interrompent à chaque instant, ne paraîtra pas avant deux ou trois ans.

Je ne m'amuserai pas à vous énumérer tous les Elzevir, les Alde-Manuce et autres tomes précieux qui garnissent les rayons de sa bibliothèque. J'aurais plus vite fait de vous dire les ouvrages qui manquent à cette collection sans pareille.

L'étude constante de ses bouquins et ses recherches antérieures ont inculqué à Sardou une érudition quasi-encyclopédique. Il sait parler de tout et sur tout ; et, s'il entreprend une pièce, il commence à se pénétrer de son sujet en vivant pendant un mois ou deux avec ses héros et dans les lieux qu'ils habitaient.

Tandis qu'il écrivait *Patrie*, Sardou avait sous les yeux un plan de Bruxelles de 1575, et il lisait constamment la *Cosmographie* de Munster. Ce n'est pas tout. Ses meubles étaient couverts de costumes du temps ainsi que de vieilles armes flamandes ; je ne jurerais pas qu'il n'eût poussé la conscience jusqu'à écrire son drame avec une salade brabançonne sur la tête.

Sardou est gros mangeur et ne hait point la bonne chère. Il cache sous une enveloppe de séminariste des appétits rabelaisiens. Il travaille environ huit heures par jour et consacre le reste du temps à ses répétitions, ou bien encore à fureter dans les boutiques d'antiquaires... Il possède chez lui certain instrument de toilette qui a appartenu à la Dubarry et je ne pourrais mieux terminer cette étude qu'en vous contant la façon dont il s'est procuré cette singulière épave.

Cet instrument, — qui partage son nom avec « la plus noble conquête que l'homme ait jamais faite », cet instrument, dis-je, après avoir passé par beaucoup de... mains, était échu à une vieille marquise domiciliée, je crois, aux environs de Rueil, tout près du château de Sardou. La dame était fort pudique et d'un collet... monté à des hauteurs incommensurables. Aussi, l'individu qui avait signalé à Sardou l'existence de ce meuble quadrupède avait ajouté : — La marquise vous le vendra certainement, mais le tout c'est d'arriver à désigner la chose sans en prononcer le nom ; ce nom vous ferait immédiatement jeter hors du castel qui recèle ce trésor... En conséquence, prenez vos précautions et préparez d'avance votre harangue.

Sardou, plein de confiance dans son imagination, se rendit chez la douairière ; mais voilà qu'admis en sa présence il se met à bredouiller...

— Je voudrais bien, balbutiait-il, que vous me cédassiez certain meuble qui... que... vous savez...

— Quel meuble ?

— Mais vous savez bien... le meuble de...

— Je ne comprends pas... parlez : vous moquez-vous de moi ?

La vieille Arsinoë s'impatientait, Sardou bredouillait de plus en plus... Il vit le moment où la marquise l'allait congédier.

N'y tenant plus, il tira tout à coup son carnet de sa poche, arracha une page blanche et après avoir dessiné le profil de l'ébénisterie intime, il tendit son croquis à la marquise.

8.

Un quart d'heure plus tard, Sardou prenait possession de l'antiquaille si désirée... Je crois que, s'il l'avait pu, il serait rentré chez lui à cheval sur sa conquête.

CHANGARNIER[*].

————

Chaque fois que les hasards de ma profession m'ont mis en face d'un homme qui, pareil au général Changarnier, jouit à l'âge de quatre-vingts ans passés de toutes ses forces physiques et intellectuelles, j'ai envié cette longévité vigoureuse et cette lucidité persistante. Vieillir sans la compagnie des infirmités, c'est se survivre; c'est mourir deux fois que d'expirer après avoir assisté aux funérailles de ses facultés.

Tel est, d'ailleurs, l'avis de mon modèle :

— Tant que je pourrai penser juste et marcher seul, dit-il, je remercierai Dieu de me laisser sur la terre.

Certes, malgré sa récente maladie, il pense et marche bien encore, l'illustre soldat! Son style est charmant, son élocution est nette. Je sais des salons qu'il charme, soit qu'il y égrène ses souvenirs, soit qu'il y récite les poésies qu'il sait par cœur, soit enfin qu'il y lise, —sans lunettes, — ses discours du lendemain. Citez-moi d'autres octogénaires qui sachent, avec plus de zèle et d'ardeur, remplir un mandat politique, — qui fassent à pied, une badine à la main, vingt kilomètres sans fatigue, — qui aient ses enthousiasmes

* Mort depuis l'apparition de cette biographie.

juvéniles, ses reparties promptes, ses aperçus modernes, ses appréciations saines, ses idées élevées et son amour de l'étude? Vous lui accorderez, tout au moins, une carrière rectiligne et des opinions sans défaillances. Logique avec lui-même, nous ne le voyons pas, comme certains vieillards, brûler aujourd'hui ce qu'ils adorèrent jadis. C'est un Sicambre tout d'une pièce, qui ne s'est courbé qu'une fois. Était-ce la bonne? Je laisse à d'autres, plus autorisés que moi, le soin de trancher cette question pour montrer, sous son jour le plus intime, cette figure, — restée grande en dépit des plus dures épreuves.

Vous connaissez sa taille droite contre laquelle n'ont rien pu les rafales du temps, les ouragans des combats et les tourmentes sociales.

La gravure vous a montré son visage ouvert et affable dont les traits rappellent un peu ceux du maréchal de Mac-Mahon. Mais ce que le burin ou la photographie n'ont pas su rendre, c'est l'expression curieuse de son regard. Ses yeux sont, à cette heure encore, d'une jeunesse quasi-enfantine. Sa pupille n'a pas les tons indécis que l'âge étale, comme une taie, sur l'iris décoloré. Elle est noire, vivace, mobile, et s'illumine de toute une gamme d'éclairs, suivant les faits qui émeuvent ou passionnent cette âme d'élite.

Un de ses officiers d'ordonnance, qui a combattu trente ans à ses côtés, m'exposait que la qualité maîtresse du général, en tant que soldat, — était l'inspiration sur le champ de bataille. Changarnier peut être compté parmi les rares capitaines qui savent en une seconde abandonner un plan laborieusement conçu pour y substituer un plan nouveau.

— Dans ces moments-là, me disait l'officier, ses yeux lançaient des flammes : on le sentait possédé de son génie et il improvisait la victoire comme un poète improvise des vers. Nous l'appelions « l'amant de la gloire », car la gloire fut sa seule ambition, son but unique. Les gouvernements ont vainement mis à ses pieds des ambassades, de l'or, des titres, des croix ; on a fait inutilement miroiter devant lui l'épée de connétable : il est resté incorruptible... Ah ! si on lui avait offert de conduire une belle et brave armée à la conquête d'un empire !...

Mais j'arrête là cette citation qui sort du cadre où je veux maintenir ce travail familier.

Le général Changarnier habite, 9, rue de la Baume, un entresol dont l'ameublement vaut quelques centaines de francs à peine... Le dossier des chaises, le pied des tables, la tablette des consoles, le marbre des cheminées, tout y reluit d'un éclat métallique. On sent qu'un brosseur vigilant astique et fourbit ce matériel d'étudiant, comme s'il avait affaire au fourreau d'un sabre ou à la boucle d'un ceinturon. Vous chercheriez en vain un atome de poussière dans les plis des rideaux de reps commun qui encadrent les fenêtres ; et je vous engage, — au cas échéant, — à marcher avec précaution sur les planchers cirés qui ne connaissent pas le faste des tapis.

A ceux que cette excessive simplicité surprendra, je dirai que le général est pauvre, et qu'il porte, comme on dit, sa pauvreté à la boutonnière.

— C'est un Aristide à graines d'épinard, me disait de lui un de ses anciens compagnons. S'il meurt, il ne laissera pas de quoi se faire enterrer.

On m'a conté, récemment, que le sous-lieutenant Changarnier avait deux mille francs de dettes lorsqu'il passa des gardes-du-corps (où il servait avec le poète Lamartine) dans le 2ᵉ léger, où il révéla bientôt des aptitudes de premier ordre. Ces deux mille francs lui causèrent tant d'insomnies, leur acquittement entretint si longtemps dans son cœur des inquiétudes et des angoisses, qu'une fois ce compte liquidé, il renonça à tout jamais aux perfides tentations du crédit. Il se promit alors — je parle de cinquante ans ! — il se promit de ne jamais acheter quoi que ce fût sans le payer immédiatement, et il se tint parole... Cette parcimonie ne l'a pas empêché d'être l'officier le plus séduisant et le mieux « ficelé » de l'armée française. Il poussait même le raffinement de sa toilette jusqu'à l'usage des cosmétiques : témoins les deux vers par lesquels un radical de 48 terminait un quatrain malicieux. « Changarnier, écrivait le citoyen-rimeur :

> Malgré ses doux parfums d'ambre et de bergamotes
> N'est pas en bonne odeur auprès des patriotes. »

— Changarnier n'est pas une culotte de peau, disait aussi Proudhon, faisant allusion à sa mise soignée, c'est une culotte de velours !

Quoi qu'il en soit, il faut admirer dans cette individualité énergique l'antagonisme de son parti-pris d'économie et de ses instincts naturels qui le poussaient vers le confortable, vers l'élégance et surtout vers la générosité. On parle encore, dans le vieil état-major de notre armée, d'un dîner qu'il offrit à ses compagnons d'armes à Constantine, à l'occasion de sa nomination au grade de colonel. Il fit les choses en gentleman prodigue... mais il dut s'imposer mille privations pendant près d'un an pour combler le trou que cette fête creusa dans son maigre budget.

Alors qu'il faisait les guerres d'Afrique, au lieu de jouir pleinement de ses triomphes et de savourer sans restrictions l'encens du succès, il enviait tout bas le bonheur de ses amis riches qui pouvaient, après l'action, se débarrasser de leurs bottes poudreuses et de leurs tuniques trouées pour chausser des pantoufles et revêtir une robe de chambre. Des pantoufles ! une robe de chambre ! tel fut longtemps l'idéal du héros qui par son courage nous assura la possession de la plus riche de toutes nos colonies. Ses camarades ne lui ont connu les pantoufles convoitées et la bienheureuse robe de chambre qu'en 1860,— à son retour de l'exil.

C'est dans une robe de chambre marron,— je ne m'étonnerais pas que ce fût la même — que j'ai trouvé le brave soldat. Sa haute cravate de taffetas noir tranchait sur la blancheur immaculée de sa chemise à boutons de nacre. Il était couché sur une chaise longue pour cause d'entorse,— une entorse politique — gagnée sur le terrain de manœuvres parlementaires. Un discours de deux heures qu'il fit debout, à la tribune, et chaussé d'un soulier trop étroit, discours suivi d'une soirée chez le roi de Hanovre : il n'en fallut pas plus pour luxer une de ses articulations.

Le général, penché de trois quarts sur son bureau d'acajou, mettait sa correspondance à jour. Il déposa méthodiquement sa plume sur les branches parallèles d'un encrier de marbre noir orné de deux mousquetaires en zinc et me souhaita la bienvenue en me tendant la main...

La main de Changarnier est légendaire. C'est une main d'enfant,— si petite qu'on se demande comment elle a pu tenir la poignée d'un sabre, et si blanche qu'on a peine à croire qu'elle ait subi pendant vingt ans les brûlants baisers du soleil africain. Les ongles, roses, polis, lustrés, taillés en amande, terminent des doigts dont le cône est parfait... j'admirais surtout l'index mignon qui a tant de fois désigné les escadrons arabes à la baïonnette des zouaves et au sabre des

spahis... et je pensais, à part moi, que maintes duchesses envieraient des extrémités pareilles, lorsque
le général me dit de sa voix claire :

— Avouez que vous me trouvez bien conservé...
La sobriété et la régularité : voilà mon secret. Je me
lève à six heures, je me couche à dix... Parfois je fais
une exception en faveur du Théâtre-Français ; mais,
hélas ! ajouta-t-il en soupirant, mes moyens ne me
permettent pas souvent cette débauche...

Ici j'ouvre une parenthèse pour demander au ministre des beaux-arts un arrêté qui accorde leurs
entrées dans la maison de Molière à tous ceux qui,
pendant cinquante ans, ont servi la France. Il en est
qui, à ce jeu terrible, ont recueilli la fortune, c'est
bien le moins qu'on donne à ceux qui n'y ont gagné
que des blessures et des rhumatismes un fauteuil rue
de Richelieu. Et comme je suis certain que M. Perrin
sera de mon avis et appréciera ma motion, — je ferme
la parenthèse.

— Mon régime alimentaire, poursuivit le vaillant
vieillard, est des plus simples. Je mange le matin des
œufs et des côtelettes ; le soir, — que je dîne chez
moi ou en ville, — je me satisfais d'un potage et de
deux plats, — jamais plus. Par exemple, j'ai légèrement
modifié, depuis quelques années, l'ordonnance de ma
boisson. Jusqu'en 1850, j'ai mis beaucoup d'eau dans
un peu de vin, mais, à partir de cette époque, j'ai mis
beaucoup de vin dans très peu d'eau. Je n'ai rien de

plus à vous dire. En abordant d'autres sujets je deviendrais le complice de vos éloges ou de vos critiques, et c'est ce que je désire éviter.

— Mon général, répondis-je, je vais vous mettre à l'aise. Il sera dit dans mon travail que vous étiez sorti le jour où je suis venu vous voir. Votre valet de chambre m'aura permis de jeter un coup d'œil dans votre logis... et je serai parti sans avoir eu l'honneur de vous rencontrer.

— Comme cela, soit... Considérez, analysez! je n'ouvre plus la bouche... Ah! ah! vous regardez mon lit... voilà bien longtemps que je le possède... c'est une petite couchette où je repose à ravir. Remarquez qu'elle est dépourvue de sommier élastique... Je dors et j'ai toujours dormi sur la paille... j'y mourrai certainement... Qu'est-ce qui attire votre attention ?... Je comprends. C'est la petite bibliothèque où j'ai réuni les classiques du xviie siècle. Vous ne rencontrerez pas souvent de pareils livres... Des éditions du temps, monsieur, des éditions complètes dont l'antique reliure est intacte... Ma reliure à moi est intacte aussi et voilà quatre-vingts ans passés qu'elle me sert... Dieu sait cependant si je l'ai ménagée !

Et, sur ce mot, le général se prit à rire. Je le laissai à sa joie pour passer dans son salon où je contemplai à loisir ses trophées d'armes d'honneur. J'y admirai six épées dont les poignées, d'un travail exquis, sont enrichies de pierres précieuses, — une surtout qui

porte la date de 1849 et dont l'exécution est due à
M. de Nieuwerkerke.

Je distinguai aussi des coupes signées Froment
Meurice, — des pistolets dont la crosse damasquinée
porte ces mots gravés sur des plaques : « Offert au
général Chargarnier, en témoignage de reconnaissance
et d'admiration. » Et puis des écrins contenant des
pièces d'orfévrerie, des poignards ciselés, des cachets
artistiques. Ces tributs de la gratitude publique constituent à eux seuls l'ameublement de cette pièce, où
brille également une statuette en argent de Démosthènes, achetée par le général à la vente de Berryer.
Cette statuette est montée sur un socle de marbre où
je lus le nom du comte de Montalembert qui offrit,
jadis, cette œuvre d'art au grand avocat.

Mon inspection terminée, je reviens dans la chambre du général qui, fidèle à la résolution de ne pas
desserrer les dents, parcourt une brochure : j'examine
les murs qui sont nus, à l'exception de quelques litho-
graphies : le saint Augustin et la sainte Monique d'Ary-
Scheffer, le portrait du philosophe Cousin et celui de
James de Rothschild qui fut son meilleur ami... J'ai
beau chercher, je ne vois rien de plus à noter sur mon
carnet... et le général, tout entier à sa lecture, reste
toujours muet,— ce qui ne fait pas mon affaire. Il me
faut absolument une anecdote, et j'éprouverais quelque
plaisir à la recueillir sur les lèvres mêmes de mon
héros...

La Providence, qui daigne aider parfois les gens de lettres, fit entrer à ce moment le valet de chambre du général qui lui remit une missive. A la façon dont son maître le regarda, je sentis, entre ces deux êtres, des liens plus puissants que ceux des gages.

— Êtes-vous bien servi, mon général? demandai-je d'un air distrait.

— Oui, j'ai un domestique précieux, fit le député sans quitter sa brochure des yeux.

— Il vous accompagne sans doute durant votre séjour à la campagne, à Autun?

— Il m'accompagnerait au bout du monde.

— Alors il est allé à Metz, avec vous, en 1870?

— Oui.

— Un triste voyage... à soixante-dix-sept ans!...

— Très triste...

— Qui vous forçait à l'entreprendre?...

— Une chose bien simple : mon devoir...

Et ce disant, le général, dont les yeux s'allumèrent, jeta sa brochure sur son bureau.

— Je tiens mon anecdote, pensai-je.

— J'étais à Paris, continua-t-il, quand j'appris nos premières défaites... Il ne s'agissait pas de récriminer et de crier comme tant d'autres : « J'avais bien dit que nous n'étions pas prêts!... » Il fallait agir... Je fis un petit paquet de quelques hardes indispensables, — un paquet de conscrit qui eût tenu dans un mouchoir au bout d'un bâton, — et, suivi de ce serviteur, je courus au chemin de fer. Je vous fais grâce des épisodes de la route : j'arrive à Metz... Quelle cohue! Quel désarroi! On m'indique l'hôtel habité par l'empereur. J'y cours. Il dînait... Me voilà seul dans cette grande maison pleine de bruits, sans pouvoir obtenir un mot des officiers effarés qui allaient, venaient, grimpaient les escaliers, sautaient à cheval, criaient, juraient et secouaient souvent la tête avec des airs consternés... Je monte au premier : je pousse une porte.

— C'est la chambre à coucher de Sa Majesté, me dit un courrier.

— Je le sais, dis-je, et l'Empereur est informé que je l'y attends.

Je n'avais pas vu Napoléon III depuis la veille du coup d'État. Il m'avait fait arrêter et je ne lui en voulais plus. Néanmoins le cœur me battait. Il parut... Les larmes me vinrent aux yeux. Le malheureux souverain! sa figure trahissait des douleurs atroces... Et on l'a traité de « lâche » lui qui, avant que le premier coup de canon fût tiré, traînait déjà dans ses entrailles le boulet dont il est mort plus tard à Londres!... Quand je pense que cet homme, torturé par un mal horrible, est resté à cheval, à Sedan, toute une journée, voyant s'écrouler à la fois le prestige de la France, son trône, sa dynastie et tant de gloire recueillie à Sébastopol et en Lombardie, je ne puis m'empêcher de... Mais passons... Il avança et me tendit la main :

— Sire, lui dis-je, je viens vous demander la permission de me faire tuer au milieu de vos troupes.

Son visage, ordinairement impassible, trahit une émotion violente. Il inclina la tête... Vous savez le reste... Il partit, me laissant auprès du maréchal Le Bœuf... La nature de ma démarche à Metz fut interprétée de façons diverses : elle est nettement exprimée dans ma réponse à certain courtisan que je rencontrai dans l'escalier, après mon entrevue avec Napoléon.

— Vous vous ralliez à l'empereur ? me demanda-t-il.

— Vous vous trompez, lui dis-je, je me rallie à la patrie en danger !

CHAM.

Je suis de ceux que Nadar appelle *Bêtiers*, à cause
de l'amitié qu'ils ressentent pour tous les animaux
sans exception. On peut dire devant moi : mon ange !
à un perroquet, ou : mon trésor ! à un chat, sans que
je hausse les épaules, et je crois que je m'attacherais
à une mouche... pour peu qu'elle me fasse un brin
d'avances.

L'indulgence que j'affiche pour les faiblesses de cet
ordre m'a valu jusqu'ici bien des sourires et attiré
bien des sympathies... J'oserai citer en première ligne
celle du comte de Noé, plus connu sous le nom de
Cham, lequel me présentait hier, dans son appartement de la rue de Vintimille, à monsieur Bijou, — son
havanais bien-aimé.

— Voilà le maître de la maison, me dit le prince
du croquis en soupirant, et je vous saurais gré d'en
parler chaque fois que vous en aurez l'occasion. Sachez
d'abord que Bijou n'est pas une bête ordinaire... Oh !
non... Je n'en connais pas de plus désagréable et de
plus mal élevée... Ce rusé caniche profite de ma ten-

dresse pour me traiter comme son domestique, et ce qu'il y a de plus désolant, c'est que je l'aime au point d'obéir à ses moindres fantaisies, de céder à ses plus petits caprices.

Croiriez-vous que, l'autre jour, il m'a demandé la lune?... J'ai profité de la différence bien tranchée de nos idiomes pour feindre de ne pas comprendre sa requête. Tant que cet impérieux quadrupède exerce sa tyrannie au dedans, il n'y a pas grand mal. Malheureusement, je ne puis sortir sans lui, et sa conduite à l'extérieur n'est qu'un tissu de scandales et d'extravagances.

Il s'est enamouré un jour d'une havanaise qui est la propriété d'une dame de la rue de Calais, et j'ai été obligé d'aller faire le pied de grue à la porte de l'immeuble où respire la dulcinée à quatre pattes. Lorsque la dame apparaissait sur le trottoir en compagnie de l'objet désiré, Bijou se mettait à sa suite en poussant des soupirs à fendre du bois, et en tirant sur sa laisse au point de me couper la main... Et tout cela pour rien, car jamais la havanaise n'a été ma bru, je vous le jure. Au moment même où Bijou allait atteindre son but, j'ai senti qu'on me heurtait l'épaule... Je me suis retourné : un gros homme barbu était derrière moi.

— Monsieur, s'écria ce Ménélas inattendu, voulez-vous me faire le plaisir de me dire si votre manège finira bientôt?

— Quel manège ?

— Oh! ne simulez point la surprise… Vous aimez ma femme et vous la suivez quotidiennement depuis un mois, avec un acharnement dont je commence à me lasser.

Je voulus expliquer à Ménélas le véritable motif de mes pérégrinations! Ah! bien, oui! il secoua la tête et m'accabla d'injures. Au bruit de ses prosopopées, Bijou oublia son ardente passion et mordit mon agresseur au mollet droit.

— N'ayez pas peur, dis-je au blessé, mon chien était enragé… mais le vétérinaire assure qu'il va mieux.

Je rentrai chez moi, heureux de m'être vengé par cette fausse nouvelle des grossièretés de Ménélas.

Si j'ai choisi cette aventure entre mille, c'est parce qu'elle exprime bien ma longanimité devant les rodomontades de mon toutou (c'est toujours Cham qui parle). J'aurais pu vous conter les désastreuses bizarreries de son caractère aigri et les côtés incongrus de son naturel vicieux, je préfère en rester là… Un mot pourtant et je finis.

Quand je voyage, mon chien ne me quitte pas… Jamais je ne souffrirai qu'on l'enferme dans les fourgons peu capitonnés des compagnies. Grâce à l'exiguité de la taille de Bijou, je trompe la surveillance des employés inspecteurs, et quand j'ai pour compagnons de route des gens d'humeur commode, je tire mon despote de ma poche, — où il se tient durant mes déplacements. Au mois d'août de 1865, je me rendis à Bade ; j'étais seul dans mon compartiment, et tout allait bien , lorsqu'à Strasbourg une femme d'âge monta, qui s'assit à mes côtés, dans le wagon. J'entamai une conversation avec la voyageuse, et je risquai, — en manière de ballon d'essai, — quelques aphorismes sur l'affabilité des chiens de la Havane. Lorsque la duègne fut convenablement préparée, je tirai Bijou de mon sac de nuit où il grignottait des pralines. Mais le petit autocrate, mécontent d'avoir été dérangé, se prit à grogner, et la femme effrayée poussa les hauts cris... Je compris que ses hurlements, combinés avec ceux de ma bête, allaient attirer les contrôleurs du convoi, et qu'on allait me séparer de mon cher Bijou. Que faire ?... Une idée me traversa le cerveau... je me ruai sur la malencontreuse vieille, je la bâillonnai avec mon mouchoir, et lui jetant un coussin sur la tête, je m'assis sur le tout... Arrivée à Bade, la dame avait besoin d'air... aussi respira-t-elle avec délices les zéphirs résineux de la Forêt-Noire. Je revis ma gêneuse au Casino, un soir où elle eut le mauvais goût de ne pas répondre au salut que je lui adressai...

Cela dit, M. de Noé offrit un morceau de sucre au héros de son récit.

La nature, — d'ailleurs assez injuste à mon égard, — m'a doué d'une faculté assez rare. Je puis entendre une anecdote, la retenir et songer en même temps à autre chose. Aussi, tandis que Cham me contait ses tribulations, je me tenais à moi-même le propos suivant :

— « Le caricaturiste qui me reçoit, cherche évidemment à me donner le change. Modeste comme tous les hommes d'un mérite réel, il redoute que j'entretienne mes lecteurs de sa personne, il tâche d'isoler mon attention de son individu et de détourner la conversation de tout ce qui le concerne. »

Mon monologue était juste en tous points, car je remarquai une expression de dépit sur le visage de mon interlocuteur, lorsque je lui demandai des détails sur sa famille, sur son âge, sur son genre de vie, sur ses goûts, sur ses ressources, et lorsque je lui adressai une série de questions analogues à celles qui sortent de la bouche du président de la 6e chambre.

Après quelques moments de réflexion, le spirituel illustrateur du *Charivari* s'exécuta de bonne grâce.

— Je suis, me dit-il, le fils du comte de Noé, un ancien pair de France qui dessinait fort spirituellement. Quand il ne parlait pas à la Chambre, il croquait ses collègues avec un *chic* dont quelques vieilles perruques ont gardé le souvenir. La vue des ébauches paternelles détermina ma vocation. J'ai également hérité de l'auteur de mes jours d'une grande aversion pour les véhicules. Mon père, qui par goût adorait la marche, mourut écrasé par un char-à-bancs, à l'âge de quatre-vingt-trois ans. Quand on le rapporta chez lui, la poitrine fracassée, il nous dit d'une voix éteinte :

— Vous voyez bien, mes enfants, que j'avais raison de ne pas aimer les voitures.

Et il rendit le dernier soupir.

Ma mère était anglaise, j'ai été élevé par une gouvernante anglaise : de là mon accent britannique. J'affectionne particulièrement les soldats. L'amitié que j'ai vouée aux officiers que j'ai connus m'a coûté bien des larmes... Tenez! vous voyez ce buste?... C'est celui du capitaine de Villeneuve. Trois jours avant son départ pour l'Italie, il vint passer la soirée chez moi, et je ne sais par quel hasard je m'amusai à crayonner le portrait du brave officier. Pour nous égayer un peu, — car les heures de l'adieu sont tristes! — je coiffai mon esquisse d'une casquette d'invalide, et je lui appliquai sur la barbiche un menton d'argent. De Villeneuve éclata de rire en voyant son image ainsi attifée.

Deux mois plus tard, à Solférino, un biscaïen autrichien lui broyait la mâchoire inférieure, et, quarante-huit heures après ce coup terrible, le capitaine expirait en murmurant :

— Le dessin de Cham!... le dessin de Cham!

J'en ai connu et aimé un autre, qui servait dans l'infanterie... Il est mort à Magenta, celui-là! Son brosseur savait l'attachement qui nous liait. Aussi, lorsque après l'engagement on reconnut que l'officier manquait à l'appel, le fantassin courut sur le point où

son chef, — envoyé en tirailleur, — avait succombé.
Il le retrouva entièrement nu dans un fossé. Des
maraudeurs ennemis l'avaient dépouillé de ses
vêtements... il y a des misérables qui volent les
morts sur les champs de bataille!... Le brosseur
tira son sabre, souleva la tête du cadavre et en dé-
tacha une mèche de cheveux qu'il m'envoya avec
une lettre pleine de cœur, mais absolument dépourvue
d'orthographe.

A ce point de son récit, Cham devint silencieux, et
je vis qu'on ne m'avait point trompé en m'annonçant
les propensions à la tristesse de l'artiste infatigable
qui, à l'aide de son crayon, force ses contemporains
à rire tous les jours depuis tantôt quarante ans.

Cham ne dessine que debout. Il a sous les yeux un
journal politique qu'il parcourt, et tandis que sa main
gauche caresse Bijou, sa droite crayonne les sujets
que lui inspirent les premiers-Paris ou les chroniques
quotidiennes. Une heure lui suffit pour parfaire les
planches désopilantes qui font la fortune du *Charivari*
et la sienne propre, puisque son crayon lui rapporte
plus de 25,000 francs par an. Il ne travaille qu'après
son déjeuner; le reste du temps, il flâne dans les dif-
férentes pièces de son logis, un ravissant petit musée
où il se gaudit à la vue des toiles de maîtres qui décorent ses murs, et des porcelaines de Saxe qui en-
combrent ses consoles. Il appelle ce délassement
« *prendre un bain d'œil.* »

Parmi les privilégiés admis à visiter son précieux bazar, il en est qui sont indignes d'un tel honneur. J'entends désigner, par exemple, l'idiot qui s'écria l'autre jour, en s'arrêtant devant un tableau de Prudhon :

— Est-ce joli ! est-ce gracieux ! Décidément ce bonhomme-là eût mieux fait d'envoyer la politique et la philosophie au diable, pour s'occuper exclusivement de peinture.

Les cadres devant lesquels Cham stationne avec attendrissement sont ceux qui enserrent les aquarelles de son maître Eugène Lamy, — en l'honneur duquel il entonne des hymnes louangeurs. Grandville provoque également son enthousiasme. Quant aux œuvres de Carle Vernet, elles le mettent en délire. Son admiration pour ce maître (oublié par Champfleury dans ses études sur la caricature) tient du fanatisme.

Cham a chez lui une infinité de ses propres portraits exécutés par les rois de la brosse. Nul d'entre eux ne m'a satisfait, car aucun ne rend bien l'expression de son visage, ni son air placide, ni son regard clair. Aucun ne retrace le fin sourire qui se cache presque toujours derrière l'épais rideau de sa moustache grise.

Je reproche à tous ces pinceaux millionnaires d'avoir représenté l'original avec l'apparence d'un carabinier en bourgeois ; mais étant donné les goûts belliqueux de Cham, ils sont à moitié excusables de ce

défaut. Notre peintre gentilhomme raffole des armes,
de l'escrime, du tir au pistolet, de la gymnastique et
de tous les exercices qui donnent de l'aplomb en face
du danger... Il eut récemment un démêlé qui aboutit
à un échange de cartes.

— Madame, dit-il à sa concierge, — une sexagénaire
qui l'adore, — j'ai une affaire d'honneur... En conséquence, deux messieurs viendront me demander tout
à l'heure ; ce sont mes témoins ; vous les laisserez
monter.

Quinze minutes après, madame Pipelet se présente
toute troublée au domicile de son locataire chéri.

— Monsieur, s'écrie-t-elle en tremblant comme les
feuilles battues par la brise d'automne, monsieur, *ils*
sont venus !

— Eh bien ?

— Je leur ai dit que vous n'y étiez pas.

— Pourquoi ?

— Il y en a un qui s'appelle Cognard !... l'autre a
une balafre !!... le nom et la cicatrice sont d'un mauvais augure... Il vous faut changer ces témoins-là !

M. Hippolyte Cognard ne se doute certainement pas
d'avoir déterminé des alarmes si chaudes dans le
cœur d'une portière.

L'atelier de Cham est tapissé des dessins comiques
dont la copie orne le fond des pièces d'un service à
dessert, commandé au maître par feu M. le maréchal
Randon. On y voit aussi des accessoires qui ont aidé

l'artiste dans la confection de ses ébauches militaires...
notamment une trompette bossuée que le comte de
Noé destine à un usage singulier.

— Je veux, m'a-t-il dit, qu'on m'enterre avec cet
instrument, et voici pourquoi : au jour du jugement
dernier, je me mettrai à souffler dedans... le bon Dieu
me prendra pour un ange... et j'échapperai ainsi à une
liquidation que redoute mon âme chargée de fautes.

Ce qui me laisse espérer la réussite de mon moyen,
c'est que ce cuivre mélodieux a servi, dit-on, à faire
tomber les remparts de Jéricho. Cet engin sacré a aujourd'hui encore, sur les murailles, un effet incontestable... Je m'en suis assuré l'autre jour après avoir
soufflé dedans auprès d'un mur... Deux notes ont suffi
pour le lézarder. A la fin de l'air, plâtres et moellons
s'écroulaient avec fracas. Quand il y a des démolitions
pressées dans le quartier, on vient me l'emprunter...

Cham débite ces folies de l'air le plus sérieux du
monde... Pendant qu'il parle, les crocs de ses formi-
dables moustaches s'agitent; il roule ses yeux ronds
et fixe les gens d'un air lugubre... Si l'on ne se tordait
pas de rire, on serait tenté de trembler!

Quoi qu'il en soit, on quitte l'éminent caricaturiste,
persuadé qu'il n'y a encore que le talent pour rendre
les hommes distingués, spirituels, modestes et affables.

MADAME JUDIC.

Les cinquante mille portraits-cartes, dont les photographes ordinaires de madame Judic ont inondé Paris et la province, me dispensent de vous dépeindre sa personne et son visage... Tout le monde connaît, d'ailleurs, cette tête charmante dont l'expression, à la fois chaste et sensuelle, pudique et provocante, a troublé le cerveau d'une effroyable quantité de collégiens et d'un nombre incalculable de notaires...

Vous ne me croirez pas, si je vous dis qu'elle a incendié jusqu'à des pompiers ; et pourtant l'aventure suivante en fait foi :

Alors qu'elle jouait à la Gaîté, dans le *Roi Carotte*, — et gagnait déjà deux cents francs tous les soirs, — elle avait fini par remarquer l'émotion qu'elle causait au pompier de service.

Un soir, il frisa sa moustache, se moucha bruyamment, et, s'avançant vers Judic qui sortait de scène, il lui remit, en tremblant, une lettre dont voici la copie scrupuleuse :

« Mademoiselle,

« Si c'est votre idée de vous établir, c'est la mienne pareillement. J'ai huit cents francs d'économie, et je connais un fonds de fruitière à vendre, dans un quartier fréquenté, avec lequel j'ai l'honneur d'être, etc. »

La chanteuse se mordit la lèvre pour ne pas éclater de rire, et répondit qu'elle était mariée et mère de famille :

— C'est contrariant tout à fait, fit le pompier en s'efforçant de sourire, mais si jamais vous deveniez veuve... j'en suis pour ce que j'ai dit.

Je pourrais citer vingt exemples qui prouvent que jamais artiste, plus que Judic, n'a inspiré à ses admirateurs des démonstrations extravagantes et coûteuses...

Pendant les quatre premiers mois des représentations de *la Timbale*, un Espagnol eut la constance de lui jeter, tous les soirs, un bouquet contenu dans une espèce de corbeille faite avec douze écharpes de soie entrelacées.

Un soir l'hidalgo disparut. Judic plia ses quatorze cent quarante écharpes et les envoya à une pauvre jeune fille qui les emmagasina dans une petite boutique où, actuellement, elle les débite à des gens qui sont loin de se douter de leur origine.

Judic a passé une grande heure à me montrer les

cadeaux de toute sorte qu'elle a reçus, soit à Paris, soit dans ses tournées triomphales ; la Belgique figure pour un bon tiers dans cette flatteuse collection. La mode existe, dans les Etats du roi Léopold, d'offrir aux artistes des présents utiles en même temps que des fleurs. Dupuis, des Variétés, me contait à ce sujet que, dans une bourgade des Flandres, on lui remit solennellement, sur la scène, à la fin d'une représentation, une armoire à glace et une commode-toilette.

Un bourgeois lui cria même de sa stalle :

— Si tu veux la table de nuit, il faut jouer encore demain, sais-tu !

Judic n'essuya pas le moindre mobilier, mais elle n'échappa point aux échantillons des industries locales.

Ainsi, à Liège, ville célèbre par ses fabriques d'armes à feu, un revolver tomba à ses pieds ; il était enveloppé dans une feuille de papier à lettre sur laquelle le donateur avait écrit au crayon :

« L'étui du pistolet est chez le concierge du théâtre. »

Sept villes de la Grèce se disputèrent jadis l'honneur d'avoir vu naître Homère : la célébrité de Judic est l'objet de contestations analogues. Cinq ou six établissements s'attribuent son incubation et son éclosion.

—Si je ne l'avais pas mise en évidence, dit M. Lorge,

directeur de l'Eldorado, au lieu de gagner cent mille francs par an, elle toucherait cent francs par mois dans quelque café-chantant des boulevards extérieurs.

— Si je ne l'avais pas fait engager par Boulet à la Gaîté, dit Offenbach, elle n'eût jamais chanté la musique de M. Vasseur.

— Si Judic veut être sincère, dit Léon Sari, elle conviendra qu'elle doit plusieurs paquets de chandelles aux *Folies-Bergère*, où elle a eu ses plus grands succès.

Il y a aussi Céline Chaumont qui dit d'un petit air fûté :

— Quand mon pauvre mari a connu Judic, au Gymnase, où son oncle Montigny lui donnait des bouts de rôles, et qu'il lui a conseillé de quitter le genre sérieux pour chanter les romances qu'il composait à son intention, et dont moi je lui soulignais les nuances, elle a eu ce qu'on peut appeler de la veine !

Et après tout ce monde viennent MM. Noriac, Jaime, Vasseur, Albert Millaud qui, tous, plus ou moins, prétendent avoir inventé *Molda*.

Comme tous les artistes d'élite, Judic se pénètre du caractère des personnages qu'elle interprète, au point qu'ils exercent une influence véritable sur sa tenue à la ville.

A dater du jour où elle a joué la *Petite Reine*, elle est devenue aussi majestueuse qu'elle était folâtre quand elle jouait *Molda*. A la fin des représentations de la *Petite Reine*, elle étudia « la Rosière », — une rosière mauvais teint, — et dès lors, elle n'eut plus complètement l'attitude grave de la souveraine qu'elle était tenue de représenter le soir ; elle était panachée altesse et farceuse.

Elle a le caractère mobile d'un enfant et l'indécision d'un oiseau. Elle passe sans transition du rire aux larmes. On la réjouira en lui donnant une poupée de quatre sous, mais elle ne dédaigne pas les parures de perles noires. Fanatique de musique sérieuse, elle écoutera avec amour, avec extase, un solo de violon. Puis, toute frémissante, elle descendra du ciel où elle plane pour prendre son crochet ou sa tapisserie.

Dès que la représentation est terminée, Judic quitte son costume à la hâte, passe son peignoir, empoigne ses bouquets et saute dans sa voiture... Sur la portière de son coupé, d'ailleurs fort modeste, on remarque son chiffre, — une ravissante composition du dessinateur Grévin, son meilleur ami.

C'est un J contre lequel s'appuie une cigale qui chante en pinçant de la guitare. Aux alentours, volent et pépient une nuée de fauvettes, et la brise printanière courbe les blés du second plan, tachetés çà et là de bluets et de coquelicots.

Cette allégorie peinte dans un espace grand comme une pièce de 40 sous, vaut bien des toiles de quatre mètres carrés !

Dix minutes suffisent au palefroi de *Niniche* pour la déposer, 15, rue de Boulogne.

Son hôtel se compose de quatre pièces principales : un salon or et satin noir, — une salle à manger en chêne, — un boudoir capitonné de soie pompadour, avec lustre, pendule, flambeaux et glaces en porcelaine Saxe, — et enfin une chambre à coucher en molleton blanc garni de cachemire bleu, dont les meubles sont de laque... Sur tous les murs, des souvenirs de ses succès, des couronnes, des portraits signés de peintres célèbres... Et c'est tout.

J'allais oublier deux beaux bébés qui roulent dans les escaliers, et deux chiens, — un caniche du nom de Prout et un Danois baptisé récemment Pastello.

La fortune n'a point grisé Judic. Elle continue à confectionner ses chapeaux de ses mains, et celle qui jadis était apprentie lingère et s'appelait Anna Damiens, ne dédaigne pas de raccommoder aujourd'hui le linge de ses enfants. C'est à peine si elle est devenue élégante ; il n'y a pas longtemps qu'elle a quitté son légendaire waterproof bleu et son éternelle robe de mérinos noir.

— Que voulez-vous ! disait-elle pour expliquer son changement d'uniforme, je suis forcée de me faire belle, maintenant que j'ai une voiture... Je connais mon cocher : il ne voudrait pas conduire une femme mal mise !

Un dernier détail :

Judic est née à Semur (Côte-d'Or), le 17 juillet 1850.

Elle a vingt-neuf ans ! Vous ne l'auriez pas cru, n'est-ce pas ?... Ni moi non plus.

MONSEIGNEUR DUPANLOUP *.

———

Si vous allez à Orléans et si vous demandez à votre
hôtelier ce qu'il y a de plus curieux à voir dans la
ville, il vous répondra sans hésiter :

— C'est monseigneur l'évêque.

Légendes, monuments, statues, promenades, campagnes (voire même le cotignac indigène), tout s'ef-
face devant ce prêtre remuant, absorbant, militant,
intraitable, indomptable et infatigable, duquel un préfet
de ma connaissance disait avec un soupir d'envie :

— J'administre, mais il gouverne.

On ne peut faire trois pas sur les trottoirs, de une
heure à cinq, sans rencontrer ce grand vieillard, portant haut et fier, qui chemine par les rues, le chef toujours découvert, quels que soient le temps et la saison. Il avance à longues enjambées, parlant tout seul,
regardant sans voir et rendant d'un air machinal les
saluts qu'il recueille sur sa route.

Il impose l'admiration, et pourtant sa démarche a
quelque chose de commun et de lourd. Son allure est
vulgaire, mais le torse est majestueux. La tête est im-

* Écrit en 1868.

périeuse, mais les genoux fléchissent... On dirait d'une cathédrale dont le temps a respecté le faîte, mais ébranlé les assises.

Ses pommettes saillantes, son nez crochu, sa bouche pincée, ses mâchoires puissantes, donnent à son visage une expression de dureté que tempère un peu le doux éclat de ses yeux petits, vifs et profondément enfoncés sous l'arcade sourcilière.

Le front large et bombé « raconte » le cerveau, — ce cerveau de lave sans cesse bouillonnante et dont quelque anatomiste pèsera un jour les lobes avec curiosité !

Un observateur me disait qu'en présence de l'évêque d'Orléans, il pensait à ces prélats guerriers qui se jetaient jadis dans les mêlées, le poing armé d'un énorme crucifix de bronze avec lequel ils assommaient l'ennemi « dont il leur était interdit de verser le sang ».

Le fait est qu'il y a du soldat dans ce polémiste en soutane. Sa pétulance, sa fougue et la brusquerie de ses manières sentent plutôt la caserne que le presbytère. Il n'aime pas attendre : les cordons de sonnettes en savent quelque chose. Bref, il a la verte vieillesse d'un colonel en retraite, comme il en a la décision, l'audace et la sévérité.

Le bas clergé soumis à son administration ne l'affectionne qu'à demi : car il est sans pitié pour la moindre infraction à la discipline de son diocèse.

Le général ***, qui commandait la division en 186.,
lui criait toujours dès qu'il l'apercevait :

— Vous avez manqué votre vocation, monseigneur :
vous étiez né pour être adjudant-major !

C'est ce même officier qui, oubliant un soir, dans
un salon, la présence de l'illustre académicien à ses
côtés, raconta tout haut une anecdote légèrement
grivoise où certain cardinal jouait un rôle... actif.

Il venait de lancer le trait final quand, se retour-
nant, il se heurta dans l'évêque :

— Sacrebleu ! fit-il en pirouettant sur ses talons,
j'allais me jeter dans la gueule du... panloup.

Cette terreur est bien excusable : car si monseigneur s'était mis en tête de le réprimander, il n'en
eût fait qu'une bouchée, — tant, à l'occasion, sa parole sait être incisive et cassante !

On m'a conté qu'une fois il bouscula plus que de
raison et gourmanda en termes fort acerbes le curé
d'une petite paroisse du Loiret. Pris de remords, il lui
saisit la main et lui dit :

— Monsieur le curé, j'ai peut-être été un peu piquant à votre endroit tout à l'heure.

— Monseigneur, fit l'abbé en souriant, c'est bien
naturel : n'êtes-vous pas évêque de la ville qui produit le meilleur vinaigre ?

Autre histoire significative.

Un libre penseur dont il avait entrepris la conver-
sion lui dit, dès ses premiers assauts :

— Il adviendra probablement que vous me ferez craindre Dieu... vous ne me le ferez jamais aimer.

Un an plus tard, le libre penseur, vaincu, je veux dire éclairé, sortait du confessionnal de monseigneur ; et, comme il avait de l'esprit, il dit à ceux qui s'apprêtaient à le railler de sa défaite :

— Eh bien, oui... ce diable d'homme y est arrivé ! Mais, depuis que je me suis confessé, je me sens meilleur... Ah ! on voit bien qu'il est Savoyard : *il m'a joliment ramoné la conscience !*

Si triviale que soit cette expression, elle rend bien, à mon sens, l'espèce d'âpreté que le célèbre académicien apporte au service de son mandat.

— Vous auriez fait un excellent militaire, lui disait une dame dont il était le directeur.

— Eh quoi ! répondit-il, celui qui va planter l'étendard de la foi sur les bastions de l'hérésie n'est-il pas soldat autant que celui qui attaque une redoute ou escalade des remparts ?

Ce que je puis affirmer, c'est que la vie des camps ne l'eût pas éprouvé. Sa robuste constitution, la vigueur de son tempérament, son excessive sobriété (bien qu'il soit gros mangeur), la modestie de ses besoins, se fussent accommodées, sans révolte, des épreuves de la carrière des armes.

Été comme hiver, il se réveille à cinq heures du matin, saute à bas de son petit lit de fer, franchit les monceaux de paperasses qui le séparent de son lavabo, s'habille à la hâte, mange une soupe (je dis une soupe et non un potage) et se met au travail jusqu'à midi. Après un frugal déjeuner, dont le seul raffinement consiste en un siphon d'eau de Seltz, il va voir ses ouailles à pied ou se promener en compagnie du grand vicaire dans son carrosse, — un carrosse qui rappelle les pataches d'autrefois par ses deux haridelles poussives! Rentré vers quatre heures au plus tard, il reçoit ses visiteurs et se remet au travail jusqu'au souper. Il se couche généralement de fort bonne heure.

Durant l'hiver il organise, à l'évêché, une fois par semaine, des réceptions auxquelles il admet tous ceux qui lui en font la demande. Il arrive que la grande dame (en toilette montante, s'entend) y coudoie sa couturière... C'est admis, accepté, et nul n'y trouve à redire.

Dans ces réunions, dont les héros de l'antiquité et les problèmes philosophiques, arrosés de sirops anodins, font tous les frais, chacun subit le charme de l'éloquence de Mgr Dupanloup... Son geste ne manque pas d'ampleur. Sa voix est sonore et timbrée. Malheureusement elle est gâtée par un accent savoyard toujours accusé, en dépit d'un séjour de plus de vingt ans dans le foyer de la pure prononciation française.

L'évêque d'Orléans professe pour Fénelon et Bossuet un culte et une admiration que peut à peine contre-balancer son amour des classiques grecs.

10.

Cette dernière passion lui a suggéré l'idée de faire représenter tous les ans des tragédies de Sophocle à la distribution des prix de son cher séminaire de Saint-Mesmin, — séminaire qui, soit dit en passant, fait une concurrence terrible au lycée du chef-lieu.

Ces représentations sont très suivies... Les élégants et les élégantes de la ville y courent. La haute science parisienne n'en manque pas une. Ici, c'est M. Mazères; là, c'est le docte Egger; plus loin, c'est un helléniste fameux; à côté, c'est le recteur d'une université autrichienne...

Les dames ont dans les mains une traduction imprimée *ad hoc*, sur laquelle elles suivent les péripéties du drame... Il ne m'a pas été donné d'assister à ces solennités attiques; mais un boulevardier, qui s'y est faufilé par surprise, m'a juré qu'il avait eu toutes les peines du monde à tenir son sérieux à l'aspect des acteurs, — séminaristes rougeauds à cheveux plats, aux mains gercées, marchant gauches et raides sous leurs tuniques blanches et les orteils gênés par les bandelettes de leurs cothurnes... Si j'avais plus de place et plus de temps, je vous régalerais de la description de certain génie suant sous son maillot couleur de chair et se mouchant, d'après un procédé renouvelé de l'antique, à la fin de chaque tirade.

Grâce à ce que je vous ai confié plus haut de l'ardeur extrême que l'évêque d'Orléans déploie en toutes choses et de la rudesse de ses façons, vous ne serez pas surpris d'apprendre que l'existence de ses secrétaires (*aides de camp* serait plus juste) n'est pas précisément une succession de joies et de satisfactions.

Par un de ces contrastes que l'on croirait issus de l'imagination d'un vaudevilliste, ces messieurs ont toujours froid, tandis que leur maître a toujours chaud. Aussi faut-il voir l'expression de leur visage lorsqu'au cœur de l'hiver, ils l'aperçoivent qui se lève tout à coup, interrompt la dictée de ses mandements et de ses brochures, éponge son crâne ruisselant et court ouvrir la porte à deux battants.

Un jour que le thermomètre accusait une température sibérienne, le plus résolu de ces pauvrets transis prit son courage à deux mains et s'en fut carrément clore la baie par laquelle la bise pénétrait en sifflant. Puis il revint à son banc, courbant d'avance le dos sous l'orage épiscopal.

— Mon ami, lui dit avec une douceur inattendue Mgr Dupanloup, si vous voulez, nous partagerons le différend par la moitié ; je vais entre-bâiller un battant seulement.

Mais ce portrait serait inexact si j'omettais de vous parler du cœur excellent de l'auteur de la *Journée du Chrétien*, — de ce cœur exquis et serviable qui lui fait pardonner les légers travers de son caractère... Les pauvres d'Orléans connaissent, pour le faire souvent, le chemin de son domicile, et jamais l'infortune ne soulève en vain le marteau de sa porte.

Mgr Dupanloup a, d'ailleurs, une façon à lui de secourir son semblable et d'associer à ses œuvres pies les nombreux amis qu'il compte dans la classe aisée. Jamais il ne fait une démarche. Sa peine se borne à dresser dans son cabinet des listes où il inscrit à sa guise des noms avec des chiffres en regard. Nul ne proteste, et son ascendant est tel, qu'il peut dire sans sourciller aux millionnaires qu'il rencontre dans ses pérégrinations quotidiennes :

— Vous savez, vous m'avez donné cinq mille francs ce matin pour mes pauvres.

— Encore !... Mais, monseigneur, vous me mettrez sur la paille !

— Quand vous en serez là, j'ouvrirai une souscription pour vous.

Et il se sauve.

Un trait que je crois ignoré, — pour finir.

Un soir, après avoir admirablement prêché sur les devoirs du riche envers l'indigent, il annonça qu'il allait lui-même faire une collecte au profit d'une malheureuse famille éprouvée coup sur coup par deux sinistres.

— Nous n'étions pas prévenues, firent deux dames, lorsqu'il descendit les degrés de la chaire avec le sac de velours affecté aux quêtes, — et nous n'avons pas pris nos porte-monnaie.

— Oh ! je n'exige pas d'argent, repartit l'évêque à haute voix ; d'autant plus que je suis comme vous, mesdames : j'ai oublié ma bourse.

Et, enlevant sa croix d'or de son cou, retirant de son doigt son anneau épiscopal, il les jeta dans l'escarcelle...

Et lorsqu'on renversa sur un plateau, dans la sacristie, le contenu du sac qu'il avait tendu aux fidèles électrisés par cet acte simplement accompli, on y trouva des bagues, des montres et des tabatières dont la valeur assura l'aisance aux bénéficiaires pour le restant de leurs jours.

LE VICOMTE DE BORNIER.

Le lendemain de la *Fille de Roland*, le succès qui l'a rendu célèbre, j'allai le féliciter.

Jamais triomphateur ne fut plus sympathique et plus modeste.

Je le trouvai chez lui, à la bibliothèque de l'Arsenal, doux et timide comme toujours, plus réservé que jamais, trahissant à peine les joies de son succès et vivant de sa vie ordinaire. Et pourtant, oserait-on lui reprocher un brin d'orgueil, — à ce poète qui, après avoir engagé tant de luttes stériles et subi de si cruelles mésaventures, a soulevé des ouragans de bravos dans le premier théâtre du monde?... Le vicomte de Bornier est ainsi fait, que jamais l'amertume des déboires n'est montée à ses lèvres. Au lieu de maudire son sort et de montrer le poing à la Destinée, il a continué sa route, travaillant toujours et croyant en lui.

Il fut de bonne heure en proie au feu sacré.

Au collège, il rimait à l'âge où d'autres apprennent la grammaire : aussi Victor Hugo lui écrivait, à lui

bambin de quinze ans qui lui avait dédié des vers :
« Courage, enfant, courage, tu es déjà un soldat de
la pensée : je te prédis qu'un jour tu en seras l'un
des grands capitaines ! » Cet horoscope n'était pas
fait pour détourner d'Apollon le jeune nourrisson des
Muses. Il finit ses études et vint à Paris en 1845 pour
y étudier le droit, — se réservant, une fois avocat, de
donner carrière à sa vocation.

— J'étais pauvre, m'a-t-il dit, mais pauvre d'une
glorieuse pauvreté. Mon père, ancien garde du corps,
avait sacrifié sa fortune à la duchesse de Berry. J'é-
tais l'aîné de treize enfants, et pour soulager la maison, autant que pour chercher fortune, j'avais quitté
les montagnes de l'Hérault ; mon gousset était vide,
mais mon cœur débordait d'illusions. Que vous dirai-
je ? Je vécus d'abord en donnant des leçons, le matin.
Le tantôt, je suivais des cours et, le soir, je lisais des
tragédies… Parfois j'allais place de l'Odéon, je re-
gardais le portique du théâtre comme les enfants re-
gardent la boutique des pâtissiers… L'Odéon était
pour moi le temple des meilleures jouissances et aussi
le point unique d'où l'on partait pour la gloire. Malheureusement l'état de ma bourse m'interdisait de
franchir ce seuil vénéré. J'interrogeais les spectateurs
qui sortaient dans les entr'actes ; ils me racontaient
la pièce et je m'allais coucher. Un soir, — c'était la
première représentation d'un *Philippe II*, de M. Santy
— un vieillard s'approcha de moi, me dit qu'il était

souffrant et m'offrit sa contremarque. J'accepte et me
voilà bientôt installé à la première galerie. J'avais pour
voisin de stalle un grand gaillard noir et moustachu,
une manière de tambour-major dont l'accent méri-
dional était aussi prononcé que le mien. Nous nous
communiquâmes nos impressions. Surpris sans doute
du feu et de l'exaltation de mes propos :

— Vous faites donc également des *verses?* me
dit-il.

— Oh! oui...

— Et des tragédies?

— Aussi...

— Eh bien ! mon petit, je puis vous être très utile.
Je suis attaché au théâtre de l'Odéon. Venez me voir...
Avez-vous quelque chose de tout prêt ?

— Oui.

— Parfait ! C'est aujourd'hui jeudi, je vous attends
dimanche : voici ma carte... Apportez « l'objet »...
Vous me le lirez.

En disant oui, je mentais, mais j'avais confiance en
moi... En effet, le dimanche, à l'heure dite (neuf heures du matin), je sonnais, avec un manuscrit sous le
bras, à la porte de mon protecteur, qui vint m'ouvrir
en chemise. Il me fit entrer, se recoucha, me pria de
m'asseoir, alluma une pipe, et me dit :

— Je vous écoute.

C'est alors que, la voix tremblante, j'épelai le titre
de mon œuvre : *Bertrand Duguesclin.*

— Bravo ! fit mon auditeur, c'était un bougre à trois poils, qui a donné du tintouin aux Anglais !

Bien que cette élocution énergique dénotât une finesse littéraire de deuxième ordre, je poursuivis ma lecture, mais à chaque instant j'étais interrompu par les bizarres exclamations de ce bonhomme étrange :

— Bien riposté ! criait-il.

Ou bien :

— Dans cette tirade-là, Duguesclin s'est fendu à fond.

Ou bien encore :

— Tel personnage est bien en garde, tel autre a bien poussé sa botte... etc.

A la fin, il eut un tel transport d'admiration qu'il cassa sa pipe, sauta hors de son lit et se jeta à mon cou.

— Donnez-moi votre pièce, me dit-il, je me charge de la faire recevoir.

Vous voyez ma joie d'ici... Au bout de deux mois, — deux longs mois d'attente, — je reçus du comte de Noë, le père du caricaturiste Cham, président du comité de lecture, une lettre conçue en ces termes :

« Monsieur,

« Veuillez reprendre chez le concierge du théâtre « le drame que vous nous avez fait remettre par « M . B .. »

M. B... était le maître d'armes qui réglait les duels dans les pièces jouées à l'Odéon !

Le futur auteur de la *Fille de Roland*, loin de se
décourager, se remit à l'œuvre et fit tragédies sur
tragédies, — entassant Pélion sur Ossa ! Comme il
avait l'Odéon en défiance depuis l'aventure de son
Duquesclin, il portait ses manuscrits au Théâtre-Français, où ils étaient d'ailleurs régulièrement refusés.
Néanmoins, M. Buloz, qui dirigeait la maison de Molière, fut frappé des qualités de son vers mélodieux
et puissant et de ses aptitudes dramatiques déjà sen-
sibles. Il l'encouragea du mieux qu'il put et entretint
en lui cette foi silencieuse et discrète qui a toujours
soutenu de Bornier.

Un détail piquant :

Le lecteur des pièces présentées au Théâtre-Français était à cette époque M. André Cochut, directeur
actuel du Mont-de-Piété, — ce qui fait qu'alors
comme aujourd'hui, M. Cochut était en relations
avec les poètes !

Mais revenons à la rue du Bac, où habitait en ce
temps-là M. de Bornier, pour assister à son démé-
nagement. Sa nomination de sous-bibliothécaire à
l'Arsenal par M. de Salvandy, ministre de l'instruction
publique, lui donnait le droit de loger dans cet édifice.
Dans sa joie, l'auteur oublia une malle recouverte en
veau, pleine de pièces en cinq actes et en vers.

— Je regrette surtout la malle, me dit-il, et pourtant il y avait dans les paperasses qu'elle contenait, de
belles idées de drames et le récit de glorieuses épo-

pées. J'ai en vain réclamé mon coffre à tous les échos de Paris pendant vingt ans, rien ne m'est revenu. Je crus, un matin d'hiver, avoir retrouvé mon bien. C'était dans un bureau d'omnibus où j'aperçus une femme assise sur une malle pareille à la mienne. Cette femme bâillait à se décrocher les mâchoires :

— Pour bâiller ainsi, me disais-je, il faut être assis sur des tragédies.

Je m'approchai, je priai la bâilleuse de se lever durant une minute, ce qu'elle fit de très bonne grâce. O douleur ! je m'étais trompé. La peau du couvercle n'était pas en veau. Peut-être la célébrité, qui me semble promise, donnera-t-elle des remords au détenteur de mes poèmes... En tout cas, mettez à mon service la publicité dont vous disposez et redemandez ma malle avec ou sans manuscrits...

Le vicomte Henri de Bornier est d'une taille exiguë et d'un physique sans séduction. En revanche, il possède une très jolie petite fille à laquelle la Providence, qui ne fait pas les choses à demi, a donné l'inaltérable bonté et le charme irrésistible du poète, son père.

— Aimes-tu mieux ton papa depuis son succès ? demandait-on à l'enfant.

— Je ne puis l'aimer davantage, répondit-elle, mais j'en suis plus fière.

Et notez qu'elle avait alors huit ans !

Henri de Bornier vous conquiert vite et vous captive à jamais. — Quiconque l'approche se prend à

l'aimer. Au surplus, il est le premier à rire de sa dissemblance avec Adonis, et c'est sa propre main qui a
tracé au bas de l'une de ses photographies les vers
suivants :

> En vain, je changerais de pose,
> Ce serait toujours même chose,
> Car mon visage est de travers,
> Comme ma prose,
> Comme mes vers.

On trouvera peut-être que j'ai tort de m'appesantir
avec tant de sincérité sur la plastique de mon modèle,
mais j'ai mes raisons pour insister sur ce point. Je
vois dans ce rapprochement du créateur et de la
chose créée, un contraste fécond en enseignements...
Je trouve intéressant de montrer tel qu'il est cet
homme frêle et doux qui a enfanté la *Fille de Roland*,
drame de grand souffle et de grande envergure, œuvre saine et puissante, — où le talent s'élève en maint
endroit jusqu'au génie, et dont certains vers donnent
des frissons et arrachent des larmes.

Elle a son histoire, cette *Fille de Roland!*... Elle
était, quand on la joua, faite depuis onze ans, et reçue
depuis six ans rue de Richelieu.

Elle fut enfin montée par M. Perrin, — ce bourru
bienfaisant, qui cache un cœur exquis et des délicatesses infinies sous une enveloppe de glace. — L'administrateur de la Comédie-Française donna tous ses

soins à l'œuvre du vicomte de Bornier, fit des recherches dans les bibliothèques et dessina lui-même (on sait qu'il est peintre) les costumes de presque tous les personnages. Ceux de Mounet-Sully sont des merveilles, — de l'aveu des plus méticuleux. Le peintre de Neuville fut mandé, qui fixa celui de Laroche dans une aquarelle magistrale. Il arriva même, m'a-t-on dit, que le costumier oublia la longue toison rousse qui déborde du casque du fier Saxon et tombe sur sa cuirasse d'or. En sorte que le jour même de la représentation, Laroche n'avait pas ses cheveux. Il était trop tard pour commander au perruquier cette tignasse barbare. Que faire ? L'embarras était extrême et Laroche se lamentait.

— Sauvé ! s'écria M. Perrin. Courez, dit-il à son huissier, courez au magasin d'accessoires et rapportez-moi la perruque que Mademoiselle Croizette portait dans *Jean de Thommeray*.

Et voilà comment le farouche enfant de Witikind débita des alexandrins sous les nattes de la cocote Baronnette !

Le poëte, qui convient de sa parfaite ignorance de la mise en scène, a laissé au directeur le soin de régler l'ordonnance de son drame. Il s'est contenté d'assister scrupuleusement aux répétitions, qui ont duré sept mois, à cause de fréquentes interruptions. De Bornier venait régulièrement aux Français tous les jours, à pied et par le même chemin, de la Bibliothèque de l'Arsenal. Il suivait les quais, longeait le Théâtre-Lyrique et tombait dans la rue de Rivoli qu'il suivait jusqu'au Palais-Royal. Un jour qu'il cheminait en mâchonnant des hémistiches, — en manière de bonbons, — il aperçut un groupe d'étrangers en contemplation devant « la cloche d'argent » qui sert d'enseigne au traiteur du quai de l'Hôtel-de-Ville. Il se rappela au même instant la légende de la cloche du palais de Charlemagne... Telle est l'origine de l'un des effets de son troisième acte.

Sur son parcours se trouvait également un marchand de vin qui se nommait GAINON. Les poètes ont des cerveaux à part : leur fréquentation incessante de l'impossible et leur commerce assidu avec les fictions finissent par leur faire prendre l'invraisemblance pour la réalité. De Bornier se dit un jour que GAINON est évidemment une corruption de GANELON. Il n'en fallut pas plus pour le convaincre qu'il passait tous les jours devant un descendant du traître de son drame.

— J'avais des envies folles de pénétrer dans cette échoppe, me dit-il, et de demander à son propriétaire s'il n'avait pas quelque papier de famille constatant sa parenté avec le bourreau de Roland... Et puis je me rappelai à temps que Roland est réputé pour n'avoir jamais existé, ce qui, du même coup, rend l'existence de Ganelon légèrement problématique.

Je veux finir sur une aventure assez étrange.

Une après-midi, le vicomte de Bornier passe devant

un de ces marchands de bric-à-brac qui étalent leur marchandise en plein air. Il voit sur le trottoir, au milieu de vieilles brosses à cheveux, de vieilles nippes et de vieilles casseroles bossuées, un buste qui lui rappelle un visage connu. Il s'arrête, l'examine, le considère... Plus de doute... c'est le buste de Philoxène Boyer !

Comment ce buste unique se trouve-t-il là? Il craint de l'apprendre. Les ventes après décès des auteurs, morts pauvres, engendrent ces tristes hasards... Le poète se rappelle ses relations, ses entretiens avec Philoxène Boyer ; il s'attendrit et finit par causer avec le plâtre :

— Mon pauvre ami, disait-il, te voilà exposé sur l'asphalte aux injures du premier chien venu... C'est affreux !... et ton image ne mérite pas cet ignoble destin.

A ce moment la pluie se mit à tomber.

— Bon ! voici le ciel lui-même qui t'inonde de ses cataractes... Pauvre ami... tu vas être trempé.

— Mon petit monsieur, fit à ce moment le revendeur, au lieu de jacasser comme ça avec cette « statue », vous feriez mieux de l'acheter.

— L'acheter ?... oui certes... oui, je le veux... je n'y songeais pas : combien en voulez-vous ?

— Trois francs.

— Les voilà.

— C'est drôle ! vous ne marchandez pas... c'est donc

que vous connaissiez l'individu que ça représente ?

— Oui.

— Il est mort ?

— Dans la misère...

— Qu'est-ce qu'il faisait ?

— Des vers.

— Vous m'en direz tant !!! C'est pas un état !... Et vous, qu'est-ce que vous faites ?

— Des vers...

— Alors vous êtes un fainéant... N'en faut pas des fainéants !... et vous mourrez pauvre comme votre statue !...

— Probablement. .

Ici un silence.

— Tenez, vous m'avez l'air bon garçon .. fit tout à coup le brocanteur, voilà mon adresse, j'habite cité des Patriarches, la troisième cabane à gauche... Quand vous serez dans le besoin... venez me voir !

La *Fille de Roland* a fait des recettes qui retardent singulièrement les prédictions du brocanteur !

VAPEREAU.

Chaque fois qu'il m'est arrivé de parcourir le *Dictionnaire des contemporains*, je me suis demandé comment son auteur était parvenu à recueillir tant de documents divers sur des personnalités si nombreuses; et je me suis complu à voir en lui le grand maître d'un genre que je pratique quelque peu, — un infatigable indiscret travaillant sur une vaste échelle.

Procédant par déduction, j'ai pensé que sa carrière devait avoir été féconde en accidents ignorés, que ses chasses aux renseignements l'avaient dû mettre en face de bien des singularités non consignées dans son énorme volume, et c'est pourquoi j'ai résolu d'aller à lui,— comme un pauvre va réclamer les miettes tombées de la table d'un riche, — avec l'intention de faire appel aux souvenirs inédits dont la mémoire des collectionneurs déborde toujours.

Ce n'est pas en vain que j'ai tendu mon carnet sur le seuil hospitalier de M. Vapereau, qui a établi le centre de son agence biographique rue de Seine, — dans un modeste appartement, encombré d'imprimés, de brochures et de casiers. On sent, dès l'entrée, qu'on est dans le temple de la note.

Le patient compilateur était au travail, lorsque j'ai sonné à sa porte, et comme c'était l'heure de sa conférence avec ses secrétaires, il m'a prié de m'asseoir à ses côtés en attendant qu'il me pût entretenir. Ce que j'ai vu et entendu, durant cette séance, m'a complètement édifié sur les moyens employés pour mener à bonne fin la publication du recueil colossal que la maison Hachette a édité pour la satisfaction des âges futurs, — autant que pour celle de l'âge présent.

— Monsieur, dit M. Vapereau à l'un de ses aides de camp, la *Liberté* d'hier annonce le mariage du député n° 27... Nous avions des doutes sur l'année de sa naissance ; voilà une bonne occasion de contrôler notre chiffre... Veuillez donc vous rendre à la mairie où la cérémonie doit avoir lieu et consultez le tableau des promesses de mariage ; l'âge des époux y est toujours consigné.

Puis se tournant vers un autre jeune homme :

— Cherchez, dans la case 32, le dossier 44, et joignez-y cette lettre que m'adresse notre correspondant de Venise...Avez-vous collectionné les chroniques consacrées au peintre Carolus Duran? A propos, serrez ce numéro du journal russe *la Cloche*, qui contient de précieux détails sur l'enfance du romancier moscovite Tourgueneff. Veillez à ce qu'ils soient consignés dans notre prochaine édition... N'oubliez pas non plus les

remaniements inscrits sur la serviette du dossier don
Carlos, et la nomination du prince Serge Galitzin
comme attaché à l'ambassade de Russie, à Paris.

Un troisième employé se tenait debout dans le fond
de la pièce, un livre sous le bras. Il le tendit au maître ainsi qu'une liasse de papiers couverts de caractères lilliputiens.

— Je vous apporte l'Annuaire de la Légion d'honneur que vous m'avez demandé, fit-il... *Le nom en
question* n'est pas sur les registres de la Faculté de
médecine... ni sur ceux de l'Ecole de droit... Donc
il n'a jamais été étudiant... Voilà les extraits recueillis au secrétariat du Conservatoire de musique et au
bureau de l'Annuaire militaire.

— C'est bien, emportez ce paquet de journaux et
dépouillez-les. Vous m'apporterez votre travail demain matin... sans faute.

Ce manège dura une heure, et M. Vapereau, dé-
ployant une activité fébrile, ne cessa de parler, dic-
tant des dates, des rectifications avec une facilité
d'élocution vraiment surprenante. En présence de cette
besogne surhumaine, exécutée sans découragement
et sans lassitude, j'entrai mentalement dans une
belle colère contre les citateurs qui puisent leurs
informations dans le *Dictionnaire des contemporains,*
sans en nommer le directeur, mais qui savent bien
lui reprocher tout haut les erreurs qui sont inévitables dans un in-quarto de deux mille pages !

Ainsi que je l'ai appris de la bouche même de
M. Vapereau, la portion ardue de son œuvre réside
absolument dans les récriminations qu'il lui faut es-
suyer de la bouche des mécontents, et il me rappela
le mot d'Alphonse Karr, disant, au sujet de son volume : « Chacun trouve le paragraphe des autres
trop long et le sien trop court. » Il me confia également la démarche des dames sociétaires de la Comédie-Française, démarche qui tendait à faire disparaître de son tome l'âge de tous les artistes de la
maison de Molière.

Si M. Laferrière tirait vanité de son printemps éternel, et s'il se sentait fier d'opposer ses soixante-quinze
hivers à ses succès de jeune premier, certains de ses
collègues lisent avec dépit la date de leur naissance
et celle de leurs débuts dans la carrière dramatique.
Les femmes surtout expriment leur déplaisir avec
une aigreur que la coquetterie féminine porte au plus
haut degré. J'ai eu sous les yeux une épistole où certain bas-bleu malmène M. Vapereau de la jolie façon ;
et pourtant, son seul crime, aux yeux de la dame,
consiste en un extrait consciencieux de son acte de
naissance !

Que vous dirais-je des amours-propres qui se ca-
brent à la lecture des vérités formulées sur leur
compte en un langage toujours impartial, mesuré et digne ? Et les enfiévrés de notoriété, et les affolés de
gloire, et ceux qui viennent carrément proposer à

l'auteur de substituer à *sa* biographie une biographie élucubrée par eux — et où, — comme vous pensez, — ils se font la part belle ?

Les persécutions atteignent M. Vapereau jusqu'à l'imprimerie Lahure, où se « tire » le *Dictionnaire des contemporains*, — et les typographes qui composent son volume sont eux-mêmes assiégés par les grognons qui tentent, à prix d'or, de faire modifier les passages relatifs à leurs personnes.

Il n'est pas rare que dans son courrier M. Vapereau décachette des lettres du dernier comique. En voici une, que je publie d'autant plus volontiers que je tais le lieu et la date de son émission :

« Monsieur, je vois avec surprise que mon nom ne « figure pas dans votre ouvrage, et pourtant il y mé- « rite une place autant que mes homonymes, — des « nullités auxquelles vous n'épargnez certes pas les « louanges. Dès mon enfance, j'ai annoncé les facul- « tés les plus heureuses et je fis à ma mère, à l'âge « de quatre ans, trois mémorables réponses qui lais- « saient pressentir les aptitudes dont j'ai donné mille « preuves depuis. J'avais pour les tartines de beurre « une affection qui ne se démentit jamais, et c'est « pourquoi le maire de ma commune a dit, en parlant « de moi : *Martin ira loin... il aura toujours du* « *beurre sur sa tartine !* J'ai repris le fonds d'épi- « cerie de mon père, et je l'ai géré avec une telle en- « tente des affaires, que je compte l'emporter, aux élec-

« tions prochaines, sur mon voisin le pharmacien. (O !
« Sardou!) Poète à mes heures, j'ai composé plu-
« sieurs romances, — une notamment sur les *dou-*
« *ceurs de l'automne*. Je ne vous parle pas de ma
« cantate sur le maréchal Mac-Mahon. Vous l'avez cer-
« tainement lue. En foi de quoi, je suis étonné que
« moi, Hippolyte-Gaspard Martin, je ne sois pas com-
« pris dans les Martin dont vous avez relaté l'exis-
« tence et les travaux. — Signé : MARTIN. . »

Je ne mentirais pas en disant que j'ai parcouru au
moins cent missives pleines d'inepties pareilles, arri-
vées, dans le courant de l'année dernière, de tous les
points de l'Europe. Malgré les obstacles que M. Vapereau rencontre en sa route, et malgré la conscience
qu'il apporte à l'exécution de son travail, il en est encore à paraître pour la première fois devant un tri-
bunal. Et pourtant, que de susceptibilités n'a-t-il pas
froissées sans le vouloir ? Il écrivit un jour que le
fameux ténor Duprez avait eu plus de succès comme
chanteur que comme compositeur!... Et voilà la
guerre allumée !

Une autre fois, c'est un publiciste connu, lequel ne
comprend pas que M. Vapereau n'ait pas consigné
dans son paragraphe son goût pour la guitare, et qui
exige la suppression de sa biographie si ce détail n'y
est pas ajouté. Une anecdote à ce sujet :

Le directeur du *Dictionnaire* se rendit un matin
chez M. de Lamartine pour lui soumettre les épreuves

du feuillet où le chantre d'Elvire était « raconté »
tout au long.

— Lisez-moi cela, dit M. de Lamartine à M. Vapereau dès qu'il fut entré dans son cabinet.

Et M. Vapereau avait déjà énoncé la première ligne,
quand l'auteur des *Méditations poétiques* se leva brusquement.

— Eh quoi ! monsieur, s'écria-t-il, vous mettez :
LAMARTINE, *illustre poète ?*

— Sans doute...

— Mais, monsieur, je ne suis pas poète !

— Qu'êtes-vous donc, maître ? — publiciste ? grand
politique ? homme d'Etat ?

— Vous n'y êtes pas du tout, monsieur, je suis surtout HOMME D'AFFAIRES !

Il en est ainsi de toutes les célébrités... C'est l'histoire du grand Ingres, qui se prétendait violoniste
et non peintre, c'est aussi celle de mademoiselle
Rosa Bonheur, qui, un jour, m'assura « qu'elle était
née pour diriger une métairie plutôt que pour bar-
bouiller des toiles. »

Si l'on veut mettre de côté ses appétits de curieux
et considérer la forme et le style de M. Vapereau, on
n'hésitera pas à reconnaître en lui le jeune érudit qui
remporta, au grand concours, le prix d'honneur de
philosophie, passa par l'École normale de Paris, par
le professorat en Touraine et par le cabinet de M. Cousin, dont il fut le secrétaire. Après le 4 septembre,

M. Vapereau a été nommé préfet, mais il est rentré
bientôt dans la vie privée. Il consacre aujourd'hui
comme autrefois ses rares loisirs à des études de critique littéraire dignes de figurer dans la bibliothèque
des lettrés les plus délicats. Sous le titre d'*Année littéraire*, M. Vapereau réunit annuellement ses analyses,
et l'on ne saurait sans injustice refuser à leur auteur les
hommages dus au savoir et au talent.

ROSSI.

On n'échappe pas à sa destinée... Celui qui devait compter, un jour, au nombre des grands tragédiens de ce siècle, jouait *Damon et Pythias* à l'âge de douze ans ! Il profitait de l'absence de son père, — un vaillant soldat qui suivit jusqu'à Waterloo la fortune de Napoléon Ier — pour organiser, dans sa ville natale, des représentations où un autre bambin, qui devint Delle-Sedie, lui donnait la réplique. Je passerai sur les luttes du commencement... Je ne montrerai pas Rossi parcourant la Toscane à la suite d'une troupe nomade, ne mangeant pas tous les jours, couchant à la belle étoile, menant une vie d'aventures et se composant des costumes qui eussent inspiré Scarron, le barde des acteurs de grand chemin...

Les vieillards d'un village des environs de Florence se rappellent l'avoir vu interpréter Paolo de la *Francesca di Rimini*. Il avait moins de seize ans. Sa toque, faite avec une casquette, sans visière, qu'il avait ornée de plumes arrachées au coq de la basse-cour voisine, contenait avec peine son opulente chevelure. Son cale-

çon de tricot suppléait à l'absence de maillot, et si son
justaucorps manquait de souplesse, la faute en revenait
au vieux rouleau de papier peint dans lequel il avait
été taillé. Rossi poursuivait sa route, à travers ces
épreuves, avec l'énergie et l'âpreté de l'homme sûr
d'atteindre le but. Le célèbre comédien Modena lui
avait dit :

— Tu seras la gloire de la scène italienne.

Et l'enfant allait, muni de ce viatique, le cœur plein
d'espoir. Et si son estomac vide lui demandait un
à-compte sur les régalades futures, il ramassait une
figue ou une orange tombées sur la route, les dévorait
jusqu'à la pelure et reprenait aussitôt l'étude de son
rôle, abandonnée un instant.

Rossi, — qui n'est plus qu'un bel homme, — était
alors un fort joli garçon... A la suite d'une représentation à Pistoja, en plein hiver, une boulangère se sentit
prise pour lui d'une affection insurmontable et lui
confia ses sentiments dans un billet laconique. L'amour
d'une boulangère pour un adolescent qui déjeune par
hasard et ne soupe jamais, n'est point à dédaigner.
Rossi vint au rendez-vous. C'était le tantôt. Malheureusement la boulangère avait compté sans le retour
de son mari, qui était allé chercher de la farine à dix
lieues ; et voilà notre jeune galant obligé de se cacher
en toute hâte, dans le four mal refroidi. Au supplice
de saint Laurent qu'enduraient les parties de son corps
en contact avec la brique brûlante, se joignait une

autre torture non moins cruelle. Cet antre exhalait des senteurs séduisantes de maïs rôti et de galettes beurrées. L'infortuné comédien, dont l'odorat avait alors, pour cause majeure, toute sa sensibilité, aspirait ces effluves dans des tourments renouvelés de ceux de Tantale. Enfin il est délivré, mais il n'a pas de temps à perdre. Le mari est sur la porte, en train de décharger sa farine.

— Sauve-toi au quatrième, lui souffla la boulangère. Voici pour te défendre en cas de danger.

Ce disant, elle lui met dans la main une brioche dure comme une pierre.

Or, il faut qu'on sache que dans les vieilles bourgades italiennes, les maisons n'ont ni portes, ni allées. On y pénètre par la boutique du rez-de-chaussée, d'où part l'escalier qui dessert chaque étage. Rossi, essoufflé, se remettait à peine de son alerte quand il entendit la voix du boulanger gourmandant sa moitié. Le couple montait, à n'en pas douter... Que faire ? L'acteur grimpe sur le toit, par un jour de souffrance, et le voilà sur la tuile glissante, recevant une pluie torrentielle et passant ainsi, dans le même quart d'heure, de la température d'un réchaud à celle d'une glacière... Cependant, la nature, qui n'abdique pas ses droits, se traduisait en tiraillements dans la région gastrique du malheureux. Rossi avait de bonnes dents ; il attaqua sa « brioche de défense »... Mais l'émail de ses canines crie et s'écaille sur une croûte résistante...

C'était un gâteau en stuc peint qui servait d'enseigne dans la vitrine de la boulangère !

Vinrent enfin des jours meilleurs. Le talent du tragédien, mis en lumière par des créations remarquables, le fit engager dans la troupe du grand-duc. Un incident amena d'ailleurs son nom dans toutes les bouches.

La censure avait coupé, dans un drame, une phrase où le héros principal, — un Mazaniello, je crois, — souhaitait la liberté pour sa patrie asservie. Le soir de la première représentation, Rossi rétablit le texte primitif. Un scandale en résulta. Il fut arrêté et menacé d'exil. Le prince régnant lui fit grâce, mais un courtisan trop zélé attendit sa sortie du Palais de justice, le provoqua, et, dans le duel qui suivit, Rossi blessa son adversaire. Une veuve romanesque, appartenant à la haute société, s'éprit du vainqueur du combat et s'attacha à ses pas, oubliant son rang jusqu'à lui faire des scènes lorsqu'il recevait des bouquets d'admiratrices *appassionate*.

— Quand je vous jette des fleurs, vous les appréciez moins, lui disait-elle avec amertume, ce n'est donc pas la même chose?

— *O cara mia*, répondait Rossi, c'est trop la même chose.

Je ne veux pas quitter l'Italie sans conter encore un des hauts faits de la jeunesse de ce tragédien de cape et d'épée, qui manie le fleuret et le pistolet comme la

tirade et l'alexandrin... Chose bizarre, — on retrouve
dans cette aventure quelques-unes des situations de
Kean, une de ses meilleures créations.

C'était à Casale, pendant une représentation d'adieu ;
de jeunes cavaliers et de jolies femmes, mis en belle
humeur par un dîner copieux, parlaient à voix si haute,
que les acteurs troublés ne pouvaient interpréter leur
personnage.

Rossi, — qui jouait *Hamlet*, — s'arrête au beau milieu d'une réplique, et se tournant vers l'avant-scène
d'où partait le tapage, s'incline en prononçant ces paroles :

— Je me tairai, tant que vous ne vous tairez pas.

A ces mots, le public applaudit et demande l'expul-
sion des perturbateurs, qui sont obligés de se retirer.
Mais après le spectacle le tragédien trouve une carte
chez le concierge du théâtre. C'était celle d'un des trop
joyeux dîneurs qui lui demandait une réparation par les
armes : Rossi fit la moue. Peu lui importait d'en décou-
dre, mais ce qui le contrariait, c'était son départ pour
Milan, fixé au lendemain matin à huit heures, et qu'il
ne pouvait remettre, car il était attendu : les affiches
étaient posées, la salle était louée du parterre au
cintre. Il se rendit au domicile du provocateur, qu'il
trouva en train d'exercer son tir sur une plaque de fer.
Il lui expliqua sa situation et finit en lui disant :

— Le bruit d'un duel entre nous est déjà répandu,
signor, et, chemin faisant, j'ai appris que la gendar-

merie battra la campagne demain dès l'aube. J'occupe à mon hôtel un appartement dont les pièces sont très spacieuses. Voulez-vous y vider notre différend ? Nous y serons tranquilles, surtout si nous rentrons dans l'*osteria* sans être aperçus.

Sa proposition fut acceptée, et bientôt les deux champions se plaçaient à chaque extrémité du grand salon de Rossi, le pistolet à la main. Ils allaient échanger les trois balles convenues... quand l'aubergiste trop prévenant frappa à la porte fermée au verrou, en criant d'une voix émue :

— Etes-vous donc indisposé, qu'il y a encore de la lumière chez vous ?

— Non, je vais m'endormir, merci.

— Vous me trompez, continua l'hôtelier, vous êtes certainement malade...

— Il n'y a qu'un parti à prendre pour obtenir la paix de ce drôle, dit tout bas Rossi à son adversaire. Éteignons les bougies...

— Comment, vous voulez vous battre au pistolet dans l'obscurité ?

— Laissez-moi finir... Nous fumerons chacun une cigarette, dont le feu nous servira de point de mire dans les ténèbres.

— Soit.

Quelques secondes plus tard, le courageux partenaire du courageux Rossi recevait une balle dans l'épaule,

— ce qui ne l'empêcha point de devenir, plus tard,
un de ses amis les plus dévoués.

Cependant la détonation avait mis toute la maison
en émoi ; il faisait grand jour, et la garde était arrivée.
Tandis qu'on pansait le blessé, le tragédien était conduit chez le juge de paix, et là, anxieux et les yeux
fixés sur sa montre (car l'heure du départ pour Milan
approchait), il essuyait un *speech* foudroyant :

— Vous êtes un monstre de barbarie, un scélérat ;
vous méritez cinq ans de prison !

— Plus d'espoir, pensait Rossi. Milan ne me par-
donnera pas mon manque d'exactitude, et il me rece-
vra, dans cinq ans, avec des pommes cuites.

— Cinq ans de prison ! continuait le magistrat ;
ce n'est pas assez pour un tel forfait. Vous en méritez
dix !

— Signor... gémissait l'acteur en entendant sonner
sept heures.

— Maintenant que l'homme de loi a parlé, fit à ce
moment le juge, changeant subitement de ton et de
voix, écoute, l'ami : j'étais au théâtre hier ; tu joues
comme un dieu ; tu as bien fait de châtier ce faquin ;
je sais que tu es attendu en Lombardie, reçois cette
bague en témoignage de mon admiration, et file...

Rossi ne se le fit pas dire deux fois.

Je ne suivrai pas l'illustre comédien dans sa marche
triomphale à travers l'Espagne, et je ne veux même pas
m'arrêter à Barcelone, où, ayant lu dans un journal

« qu'il ne saurait expliquer le sentiment qui lui dicte ses répliques dans *Hamlet* », il fit le lendemain, à l'*Athenæum*, une conférence où il se révéla orateur et savant.

Je préfère le montrer de suite, à Lisbonne, à la cour de Ferdinand, — père du souverain actuel du Portugal.

Le roi Ferdinand (qui se faisait lire tous les jours des passages du Dante par Rossi) était alors un mosaïste distingué. Il construisait, de ses mains, des meubles de marqueterie fort remarquables, et quand ses courtisans lui laissaient entendre que cette occupation était peut-être un peu vulgaire pour un prince, il répondait :

— Eh bien, quoi ! messieurs ? j'apprends un métier pour n'être pas dans l'embarras si je venais à perdre ma place.

Ferdinand avait garni la moitié d'un étage de son palais avec les merveilles sorties de son atelier... Un jour il manda Rossi et, après un déjeuner qui dura deux heures, il le promena dans les pièces luxueusement meublées par ses soins et par ses œuvres.

— Comment trouvez-vous cet appartement ? dit-il à l'acteur.

— Superbe ! sire.

— Eh bien ! il est à vous, je vous garde. Vous dirigerez mon Conservatoire de déclamation et vous m'apprendrez l'art de débiter mes discours...

— Que Votre Majesté m'excuse, fit Rossi tout interloqué, mais je ne saurais accepter sa flatteuse proposition. Je suis de ces oiseaux qui sont muets en cage et qui ne savent chanter qu'en liberté.

Ferdinand n'est pas le seul monarque qui ait porté à Rossi une affection véritable. Presque tous les princes de l'Europe ont attaché leurs ordres à sa boutonnière. Plusieurs lui ont confié des lettres pour leurs augustes collègues alors que le tragédien passait d'une capitale dans une autre, et je pourrais citer telles circonstances où l'artiste a rempli l'office, sans le savoir, d'ambassadeur, de diplomate et de pacificateur… Au surplus, le fait suivant en dira plus que je n'en saurais raconter sur ce chapitre. Le duc d'Aoste, — l'ex-roi d'Espagne,— arrivant à Nice à la fin de l'année 1875, apprit que le fils de Rossi s'y trouvait. Il l'alla voir le jour même et lui offrit de faire soigner, par son médecin, la maladie de poitrine qui nécessitait son séjour dans les Alpes-Maritimes.

Mais revenons au tragédien.

Trois jours après sa réponse au roi de Portugal, Rossi était en pleine mer, en route pour l'Amérique.

C'est durant cette traversée que se cassa l'hélice du navire qui le portait. On dut rester en panne deux longs mois. Rossi organisa à bord deux représentations au bénéfice des matelots, et comme les bonnes actions vont un peu par bande, — comme les hirondelles, — il était à peine débarqué à Rio-Janeiro qu'il sauvait un soldat tombé à la mer, dans le port, et lui abandonnait sa recette du soir même — 25,000 francs !

L'homme qui s'annonce dans un pays sous de tels auspices y conquiert vite la sympathie générale.

A Coïmbre, après l'avoir acclamé dans *Kean*, les étudiants enthousiastes, au nombre de trois mille, renouvelèrent, sous ses pas, la galanterie de sir Raleigh pour Elisabeth, et jonchèrent le sol de leurs manteaux, en sorte que le tragédien rentra dans son logis sur un tapis qui mesurait un kilomètre de longueur !

Un potentat du nouveau monde le fit venir un matin et le pria de lui exposer théoriquement les procédés à l'aide desquels il arrivait à ses effets.

— Sire, je fais comme ceci et comme cela... C'est, ainsi que vous le voyez, extrêmement simple, répondit l'artiste, pensant, malgré lui, au paysan qui demandait à un vétérinaire de lui apprendre comment, en une seconde, il avait pu écrire « la chose qui avait guéri sa vache ».

Malgré son apparente naïveté, la requête du souverain cité plus haut se conçoit ; le génie est cousin germain de la simplicité et son expression semble résulter d'un effort tout naturel.

En 1866, après une représentation d'*Othello* à laquelle Napoléon III avait assisté, le docteur Conneau alla chercher Rossi et, sans lui laisser le temps de se débarbouiller, l'amena dans la loge de l'Empereur, qui lui dit :

— Je ne me trouble pas facilement au théâtre,
monsieur ; eh bien! je vous confesse que votre dernière scène m'a singulièrement ému!... Vous devez
faire souffrir singulièrement Desdemona en lui enfonçant vos ongles dans le cou. Les cris qu'elle pousse
sont tellement naturels...

— Sire, répliqua Rossi, les artistes qui jouent avec
moi sont habitués à tout sacrifier à leur rôle. Il est
possible que je pèse un peu trop sur la gorge de l'actrice qui interprète Desdemona... Quoi qu'il en soit,
elle ne s'est jamais permis de me le dire.

Rossi a aujourd'hui quarante-huit ans : on ne lui en
donnerait pas plus de trente-cinq. Il est dans la plé-
nitude de sa force et de son talent. Sa robuste constitution, — qu'il attribue à son excessive sobriété et aux
bains d'eau froide qu'il prend le matin, comme Ninon
de Lenclos, — résiste supérieurement aux fatigues de
la scène et aux dépenses physiques qu'exigent la plupart de ses rôles. Il ne prend aucun rafraîchissement
dans la soirée ; il ne s'assoit jamais, et il reste debout
dans sa loge, durant que son habilleur l'aide à passer
les superbes costumes qu'il a dessinés de sa main. Il
fume, quand il n'est pas en scène, des cigares de Toscane qui lui coûtent un sou, — non pas que ses
moyens lui refusent d'en consommer d'autres (Rossi
est plus que millionnaire), mais il affectionne particulièrement le tabac récolté dans son pays natal.

— C'est, dit-il dans sa langue imagée, quelque

chose de ma patrie que je porte à mes lèvres.

Il a horreur du lit, dort à peine, et, — noctambule infatigable, — se promènera jusqu'à l'aurore, après ses représentations, s'il trouve un ami (d'autres disent une victime) qui veuille bien lui tenir compagnie. A part un domestique rompu à la fougue de son caractère, il garde peu de temps les gens qui se mettent à son service. Son habitude de donner vingt ordres à la fois et de se fâcher s'ils ne sont pas exécutés dans la minute même, décourage les plus agiles. Son fidèle serviteur, plus philosophe, prévient les bourrasques en jurant que toutes les volontés du maître ont été exécutées... Il n'en est rien. Mais Rossi, trop distrait pour se livrer au moindre contrôle, ne s'aperçoit pas de la ruse et passe outre.

Ainsi que tous les êtres favorisés par le ciel d'une aptitude exceptionnelle, Rossi a plusieurs cordes à son arc — Rossi prétend être un baryton sans rival.

— Si je poursuis la carrière tragique, me disait-il, c'est par reconnaissance pour les drames où j'ai trouvé la gloire et la fortune. Je ne déserterai jamais Shakespeare, que j'ai abordé le premier et dont la grande ombre a daigné protéger mes essais... mais si j'avais à recommencer ma vie... je me ferais chanteur ; j'ai une voix étonnante, monsieur. Interrogez plutôt ceux que j'invite à mes soirées, dans mon palais à Florence.

Et si, chers lecteurs, vous demandez aux invités de l'artiste leur avis sur cette matière, ils vous répondront en souriant :

— C'est vrai ! nous prions d'abord Rossi de chanter pour flatter sa manie... et puis, insensiblement, nous l'amenons à nous dire des vers ou des scènes de son répertoire. Si nous commencions par là, il objecterait qu'il est fatigué, et l'on n'en tirerait rien.

Tel est dans l'intimité l'homme que Paris admirait en 1875. Je veux terminer cette étude en le complimentant de son succès, qui n'est pas une mince victoire.

Nous autres, boulevardiers, nous nous basons sur ce fait qu'on parle le français à l'étranger, pour dédaigner l'étude des autres idiomes, et lorsqu'un Rossi vient à Paris et qu'on nous conseille d'aller le voir, nous répondons du haut de notre insouciance :

— Je n'entends pas le charabia! (la langue du Dante ! ! !)

Rossi arrivant à se faire acclamer par ceux-là mêmes qui ignorent sa langue, triomphe deux fois.

— Il m'est indifférent, me disait-il, que l'on sache l'italien... Le talent du tragédien doit participer de la belle musique dont les brutes mêmes subissent le charme. Mon rêve a toujours été de me faire applaudir par des cannibales. Ce jour-là je serai certain d'avoir eu du génie !

L'AMIRAL DE LA RONCIÈRE.

Il existe presque toujours entre la plastique des hommes et leurs aptitudes morales une corrélation justifiée par leur carrière et par leur élévation... Montrez, sans le nommer, l'amiral de La Roncière au plus mince observateur, je serais fort surpris qu'il ne devinât pas dans ce grand vieillard d'allure imposante, un de ces êtres supérieurs nés pour la gloire d'un pays et dignes des plus hauts commandements. Je défie mon héros de se faire passer pour un marchand de quelque chose... Il émane de lui ce je ne sais quoi qui trahit les natures d'élite, et, s'il lui prenait fantaisie, — comme un jour à lord Palmerston, — de pénétrer dans un cirque forain et de se perdre dans la foule des spectateurs, il s'entendrait dire par un voisin, — comme il arriva au célèbre diplomate anglais :

— Je ne sais pas qui vous êtes, mais vous devez être quelqu'un, et je serais surpris que vous ne fussiez pas quelque chose.

La naissance même de l'amiral semble le désigner par avance aux aventures, aux luttes, et révèle la protection surnaturelle qui l'a préservé de mille dangers. En 1813, sa mère, au retour d'une promenade, le met au monde sur les marches du palais royal de Turin. Son père, général de division et commandant les troupes du Piémont, le saisit de l'unique bras que les boulets ennemis lui ont laissé, et l'emporte dans une couverture empruntée à un soldat de son escorte. Six mois après, alors que l'enfant regagne la France, déposé dans un berceau d'osier sur la banquette d'une berline, les chevaux s'emportent, le carrosse verse dans un fossé profond, et l'on trouve dans ses débris le baby calme et souriant... Et lorsque, cinquante-sept ans plus tard, le baby devenu amiral se promène, une badine à la main, dans Saint-Denis bombardé par les Prussiens, il sourit aux biscaïens qui sifflent dans l'espace et aux obus qui éclatent à ses pieds, en disant à son aide de camp du ton le plus naturel :

— Ma vie était plus menacée le jour de la chaise de poste, sur la route de Turin.

Quand, désirant esquisser la figure de l'amiral, j'allai le voir à son hôtel, rue Saint-Honoré, 241, je le trouvai surchargeant de son écriture menue et quasi féminine un cahier qui m'eut tout l'air d'être un cahier de notes intimes, — un de ces cahiers sur lesquels on écrit ses mémoires ; et ce qui affermit en moi cette opinion, c'est que, dans sa causerie, il me répéta souvent, à propos de tel ou tel fait capital où il a joué un rôle :

— Ah ! si j'écrivais certaines choses, on serait bien surpris et l'histoire de ces dernières années apparaîtrait sous un aspect nouveau !

Tous ceux qui ont navigué avec lui ou ont passé par son cabinet, dans ses diverses stations au ministère de la marine, vous diront qu'il travaille toujours. En mer comme à terre, que le soleil brille ou que l'orage gronde, il lit ou écrit, et le visiteur introduit dans son bureau attendra longtemps s'il ne se détermine pas à prendre le premier la parole. Il faut être prévenu de cette particularité et engager l'entretien. Alors, sans quitter son livre ou sa plume, l'amiral, dont la mémoire est étonnante et la perspicacité merveilleuse, vous raconte votre cas et vous expose ce que vous attendez de lui.

Aussi n'eus-je pas de « frais à faire ». Il me désigna un siège, me tendit une plume, du papier, et me conta sa vie, — vie bien remplie s'il en fut ! — Deux heures durant, je restai sous le charme de sa parole claire, facile et élégante. Tout en prêtant l'oreille à ses récits, entrecoupés de réflexions d'une philosophie tolérante et « bonhomme », j'observais sa fière prestance et les traits de son visage, dont de prosaïques lunettes n'altéraient pas la noblesse. Je remarquais, en outre, qu'il lui faut en parlant une occupation manuelle quelconque : tantôt il promènera son grattoir sur le manche d'un coupe-papier ; tantôt il taillera et retaillera un crayon ou bien encore il pourchassera du doigt les atomes de poussière dissimulés dans les plis de sa redingote. Ce n'est pas qu'il ne soit tout entier à son récit : c'est un besoin... j'allais dire une manie. Sa pensée ne se développe qu'avec cet accompagnement mécanique et irréfléchi. Au surplus, chez lui toute fonction animale est inconsciente, et le cerveau seul vit et agit. Demandez à l'amiral, à la fin d'un repas, ce qu'il a mangé, il sera incapable de vous le dire. Sa nature, autant que sa sobriété, le rend insensible aux jouissances de la bonne chère. Son palais, qui accueille avec la même indifférence la cuisine la plus grossière et les ragoûts les mieux accommodés, ne trahit d'inclination que pour les sucreries. L'amiral adore les dragées : il en fourre, à même, dans ses poches, — ainsi que Napoléon Ier faisait du tabac à priser,— et les croque en causant ou en travaillant.

Un de ses intimes me disait plaisamment à ce sujet :

— Lorsque, dans votre esquisse, vous en arriverez à ses appétits physiques, passez la plume à un confiseur.

Tous les marins aiment la mer, mais ceux qui l'adorent se comptent. Les statistiques établies d'après l'*Annuaire* nous montrent qu'il y a dix fois plus de démissions dans la marine que dans l'armée de terre. L'amiral, lui, a toujours eu et a, plus que jamais, l'amour de son métier. La navigation le captive, et l'immensité des océans qu'il a si souvent parcourus l'attire invinciblement.

Il aime ses officiers, ses matelots, ses bâtiments, et se passionnera pour un navire, comme d'autres pour le jeu ou le champagne. C'est de lui qu'un aspirant folâtre écrivait à ses parents, à propos de je ne sais quelle avarie survenue à un aviso que le capitaine de La Roncière aimait particulièrement : « Le capitaine est contrarié de l'accident au point d'en tomber malade. Cet homme-là mourra de la rupture d'un vaisseau, c'est certain. »

Ce jeu de mots est d'un goût discutable, j'en conviens ; mais il rend bien le fanastisme professionnel qui anime l'amiral et qui en a fait un grand chef.

Lorsqu'il n'est pas à son bord, l'amiral s'ennuie, et quand ses devoirs de député ou de conseiller général l'appellent à Versailles ou dans l'Eure, il demande l'oubli de la mer à un travail opiniâtre.

Les ombrages de sa terre de Cracouville ne lui plaisent que parce qu'il y retrouve ses animaux préférés. Le baron de La Roncière s'attache facilement aux bêtes, et comme il en rapporte de tous ses voyages, il possède, dans sa propriété, un véritable jardin d'acclimatation. Les sujets les plus intéressants de sa ménagerie sont deux perruches achetées au Mexique. Ces jolis oiseaux possèdent , paraît-il, au plus haut point, le don d'imiter la voix et les locutions des familiers du château. Un Parisien les a baptisés : les sœurs Lyonnet.

Je ne sais pas de chef plus aimé de ses subordonnés que le président du Congrès géographique. Aussi son état-major est-il toujours composé des mêmes officiers, qui demandent et obtiennent de le suivre dans ses déplacements.

C'est qu'avec lui le service, sans rien perdre de sa rigueur et de sa régularité, est plein d'imprévu et d'originalité. L'amiral conserve dans son commandement l'horreur de la routine, — sans compter que son penchant pour ce qui est élégant, fastueux et « représentatif » rompt la monotonie de la vie du bord et donne une certaine grandeur à ses moindres opérations.

Un jour, — bien que ce ne soit pas jour d'inspection, — il fera stoper l'escadre en pleine mer, et s'en ira, sans crier : Gare! visiter les bâtiments qui ne l'attendent pas.

Une autre fois, il donnera une fête à tous les équipages de l'escadre et veillera lui-même à ce que les matelots aient leur part de ces joies improvisées.

Pendant sa récente expédition dans le Levant, il a offert à dîner, à bord du *Magenta,* où flottait son pavillon, au roi et à la reine des Grecs. En amant du pittoresque, il imagina de greffer sur le cérémonial ordinaire une innovation dont on s'entretient encore dans Athènes... D'après son ordre, toutes les barques furent mises à flot et alignées sur deux rangées entre la rive et le vaisseau amiral, formant ainsi une double haie analogue à celle des fantassins sur le parcours d'un cortège officiel. Le souverain et sa femme atteignirent ainsi le navire où les attendait, en grand uniforme, le représentant de la marine française. Et sur leur passage, les matelots mâtaient, ou, pour être plus clair, élevaient en l'air les avirons. C'était d'un effet ravissant, et je serais surpris que cette idée charmante ne devînt pas une mesure définitive en matière d'apparats maritimes.

Quelques jours plus tard, l'escadre passait devant Smyrne ; l'amiral fait jeter l'ancre, débarque et visite les établissements français de la côte. Il apprend que les sœurs de Saint-Vincent-de-Paul doivent, le lendemain, distribuer leurs prix aux trois cents petites filles qu'elles élèvent et qu'elles instruisent.

— Si nous faisions cette cérémonie à bord du *Magenta* ? propose l'amiral à la supérieure.

L'idée est adoptée, et voilà le vaisseau-amiral pomponné, astiqué, orné et pavoisé, de la quille aux huniers. La musique du bord s'installe à l'avant. Un théâtre s'élève sur la dunette, où les élèves jouent une comédie, à laquelle assiste tout le personnel de l'escadre. Les gâteaux, les rafraîchissements, les joujoux même, pleuvent dans les mains de ces enfants qui, le soir, ne veulent pas quitter ce bienfaiteur inattendu sans l'embrasser...

— Je n'arriverai jamais à satisfaire ces trois cents petites filles, disait l'amiral à son état-major : Messieurs, aidez-moi.

Et l'amiral fut aidé. J'ajouterai même, d'après le dire de l'un des officiers qui se dévouèrent, que ces accolades octroyées par des bouches et des mains légèrement beurrées et fortement sirupeuses, — sans compter les nez mouchés imparfaitement, — j'ajouterai, dis-je, que ces accolades déterminèrent force taches sur maint uniforme... Mais à cela se bornèrent les ombres de ce joli tableau, et quelques flacons de benzine rendirent une entière pureté aux souvenirs de cette fête touchante.

On remarquera que j'ai parlé fort sommairement de la carrière même de mon héros. Cela tient à deux causes : la première, c'est qu'on trouvera énumérées dans le Dictionnaire de M. Vapereau les brillantes étapes de sa vie officielle ; la seconde, c'est que je ne serais vraiment intéressant sur ce sujet qu'en abordant un terrain où je ne veux pas m'aventurer. Nous vivons dans un temps de crise sociale où la passion rend les esprits intolérants et où l'on va jusqu'à faire aux gens un crime de leurs convictions les plus sincères et un reproche de leur fidélité au malheur. Je suis de ceux qui respectent toutes les religions politiques à la condition qu'elles soient sincères; mais tel n'est pas le plus grand nombre, et je ne me pardonnerais pas d'appeler sur l'honorable amiral autre chose qu'une attention bienveillante et une admiration méritée.

NADAUD.

—

J'arrivai, un matin, chez lui : le chansonnier
donnait audience à un grand monsieur qui lui parlait
à voix basse, et qui se retira en lui annonçant une prochaine entrevue.

Dès que nous fûmes seuls :

— Il m'arrive une singulière aventure, me dit-il ;
mon père qui, vous le savez, était dans le commerce,
fut volé en 184., par un employé infidèle. Le coupable
disparut, et bien que la somme dérobée fût assez forte,
mon père ne crut pas devoir mettre la police à ses
trousses. L'individu qui sort d'ici et qui m'est, d'ailleurs, tout à fait inconnu, est venu me rappeler
ce fait sorti de ma mémoire et m'apprendre que
le voleur, devenu riche et... honnête, était tout prêt à
me restituer l'argent soustrait par lui dans un moment d'égarement... J'ai répondu que j'étais tout prêt
à le recevoir, et si je vous ai fait attendre quelque
temps dans la pièce voisine, c'est que je croyais opérer, — séance tenante, — cette rentrée inattendue.
Mais l'ambassadeur du délinquant m'a remis à hui-
taine... Croyez-vous qu'il revienne ?

— Je le souhaite.....

— Un fait pareil ne vous est jamais arrivé, hein ?

— Si... Un vieillard vint une fois me trouver et me remit un porte-monnaie avec ces mots : « Un jour, j'ai dérobé cent francs à un membre de votre famille... les voilà : Ne me demandez pas mon nom et laissez-moi me retirer sans réclamer de moi le moindre détail. » Lorsque le vieillard fut parti, j'ouvris le porte-monnaie : il était vide!... et portant les yeux sur mon bureau, je m'aperçus que ma montre avait disparu.

Nadaud jeta un coup d'œil sur le clou auquel il accroche son chronomètre, un autre sur le guéridon qui reçoit chaque soir le contenu de son gousset : sa montre et son argent étaient à leur place! Il poussa un soupir de satisfaction, et nous acquîmes cette conviction que, plus heureux que moi, Nadaud avait accueilli un véritable émissaire, chargé d'exprimer de vrais remords et de faire un vrai remboursement.

Nadaud vit très modestement. Sans les peintures et les croquis ornés de dédicaces qui décorent les murs de son petit appartement, on prendrait son logis pour celui d'un clerc de province. La chambre à coucher contient une couchette en fer, un vieux piano de Pleyel, quelques chaises en tapisserie et une table chargée de paperasses... Il y a toujours une chanson commencée sur une feuille de papier à lettre, et dans un encrier de verre une simple plume de fer à manche de bois.... A ma derrière visite, ce porte-plume me fit même penser à Lamartine, qui écrivait, dit-on, avec des plumes de cygne, et je communiquai ma réflexion à Nadaud.

— Moi, me dit-il, la première plume venue me suffit, je vais à la chasse avec le fusil de tout le monde. D'ailleurs le gibier que je convoite est de petite taille, et j'aurais mauvaise grâce à le poursuivre à coups de canon.....

Mais continuons notre inventaire.

Le papier des murailles disparaît presque tout entier sous des ébauches, des esquisses et des tableaux Presque tous les sujets traités par les donateurs sont empruntés au répertoire du maître. Ici, c'est *le Fou Guilloud*, là, *les Deux Gendarmes*. Dans ce coin, *les Pêcheuses du Loiret*, dans cet autre, *l'Octogénaire de Carcassonne*. Disons pourtant qu'une aquarelle de Cham nous montre un financier disant au bal de l'Opéra à un débardeur :

— Madame, je voudrais vous entretenir un instant.

— Un instant ! répond la soupeuse, ça n'est pas assez..... J'aimerais mieux une année.

Quelques terres cuites, des gravures d'après Chaplin et un fusain de Boulanger représentant Nadaud pêchant à la ligne (il a longtemps eu cette faiblesse), — un médaillon de bronze, d'une ressemblance parfaite, et un beau portrait à l'huile de Vernet Lecomte, tels sont les objets qui complètent l'ornementation du taudis où se complaît le célèbre chansonnier.

La vie de Nadaud est peu accidentée. Il rentre presque régulièrement à minuit, griffonne quelques vers, se couche et s'endort pour se réveiller à neuf heures au son de ses œuvres. Un orgue vient chaque matin dans la cour de la maison voisine, qui, sans intention, lui « moud » *le Docteur Grégoire*. Son concierge, en balayant les escaliers, écorche une strophe *des Deux Notaires,* et dans la rue un carabin siffle l'air de la *Lettre à l'étudiante!*

L'auteur de ces chansons n'écrit pas ses vers, il les fredonne. Son cerveau se laisse facilement aller au double travail de la conception poétique et de la conception musicale : en sorte que, la romance finie, il n'a qu'à coucher sur le papier rayé les notes écloses dans sa tête, en même temps que les mots. Ajoutons que son heureuse organisation lui permet de mener quatre chansons de front. La solitude est indispensable à l'enfantement de son œuvre. Il a trouvé la *Lettre de l'étudiant* sous un hangar, un jour de pluie, et il compose en chemin de fer assez fréquemment ; mais il regrette les diligences. Le bruit cadencé des vitres tremblant dans leurs cadres, le cliquetis régulier des grelots pendus au cou des chevaux, le choc intermittent des sabots des percherons rhythment et scandent ses idées.

Il m'avouait avoir enfanté ses plus jolis couplets sur l'impériale des pataches normandes, et me contait, non sans rire, que, cherchant une après-dînée

la chute d'un quatrain dans le coupé d'une « gondole »,
il l'avait trouvée dans la chute de la gondole, qui s'était
bel et bien couchée sur un tas de pierres.

Nadaud dîne tous les jours en ville et passe la soirée
chez ses amphitryons. Il leur chante, avec le goût
qu'on sait, ses productions les plus récentes, et joue
ensuite au whist jusqu'à l'heure où il se retire. Le
whist est sa passion dominante. Il fit une fois, avec
Emile Augier et Alfred Tatet, une partie qui dura trois
jours et trois nuits.

Ces messieurs, cela va sans dire, jouaient avec un
mort.

— Arrêtons-nous, dit enfin M. Tatet... notre mort
commence à « s'avancer ! »

Nadaud ne passe guère plus de quatre mois à Paris.
Le reste de l'année, il habite des châteaux où il a toujours sa chambre et son couvert. Il adore la campagne et convient qu'il se sent plus et mieux inspiré au
grand air, en face d'un horizon étendu et d'un paysage
riant.

Il est grand marcheur : bien que fort sociable, il préfère les longues excursions, seul, avec un bâton, dans
les montagnes, aux parties prévues où l'on est bruyant
et nombreux.

Le séjour des champs convient, d'ailleurs, à sa
bourse,— car nul n'est plus charitable, et des légions
de besoigneux qui connaissent la facilité avec laquelle

il ouvre sa bourse devant l'infortune, l'assiègent tous
les matins à Paris. Aussi est-il victime de nombreux
abus.

— Il y a deux ans, me disait-il, j'obligeai un maçon.
Toute l'année mon cordon de sonnette fut harcelé par
d'autres maçons. Le premier venu l'avait dit aux autres, et je crois que tout le « bâtiment » a passé
chez moi. A la corporation des maçons a succédé
celle des hommes de plume sans ouvrage : je crois
même que certains ont embrassé la carrière des
lettres rien que pour puiser dans ma poche, et que
leur seule œuvre littéraire a consisté dans la visite
qu'ils m'ont faite..... Enfin, j'aime mieux être dupé
cent fois par de faux pauvres que d'en repousser une
seule fois un vrai.

On concevra facilement que Nadaud ait connu et
fréquenté toutes les illustrations contemporaines. Dès
qu'il eut abandonné la maison de tissus qu'il dirigeait
avec son père, place des Victoires, pour se livrer à sa
muse, il produisit davantage et fut bientôt recherché
par les plus grandes gloires de l'époque. Alfred de
Musset l'avait en grande affection : dès qu'il apercevait « son bon Nadaud » il lui chantait, avec une joie
enfantine, le dernier couplet du *Quartier latin*, et lui
disait invariablement :

— Voulez-vous travailler avec moi?

— Sans doute.

— Voilà ce que je médite : j'ai l'idée de faire, avec

votre collaboration, un album de chansons, paroles
et musique.

— Soit.

— Ça vous va, eh bien ! après-demain je serai chez
vous, à une heure, et nous nous mettrons à l'ouvrage.

— Volontiers.

Le surlendemain arrivait une bonne chargée d'un
pli contenant ces mots :

« Impossible de venir. Un événement imprévu me
retient chez moi. Désolé, votre ami.   « MUSSET. »

Durant trois années, un événement *imprévu* empêcha l'auteur de *Rolla* de paraître aux rendez-vous
qu'il ne manquait pas de prendre à chacune de ses
rencontres avec son aimable confrère.

Béranger professait également pour Nadaud une
estime et une admiration qu'il lui dépeignait — avec
preuves à l'appui.

Lisez plutôt :

« Non, la chanson n'est pas morte, comme le disent
nos beaux esprits. Votre charmant petit volume, monsieur, m'en donne l'assurance, et je vous en remercie
de tout mon cœur.

« Il est vrai que parmi tous les recueils de ce genre
qui paraissent chaque année, il en est bien peu où
l'on trouve autant d'esprit et de verve, autant de
naturel et de gaieté. Tous nos chansonniers veulent être
ou paraître philosophes, politiques, etc., que sais-je,
moi? Ils oublient d'être jeunes : c'est pourtant assez

doux de commencer par là, on en conserve quelque chose en vieillissant.

« Dans votre recueil, monsieur, j'ai trouvé avec délices cette jeunesse qui m'inspira jadis : puissiez-vous conserver longtemps cette muse si fugitive. Vous lui devez une véritable originalité, dont vous ne vous êtes peut-être pas aperçu, ce qui est un bonheur de plus. Ah! monsieur, puissiez-vous chanter toujours sur ce ton, et avec ce sans-gêne que je vous envie. Hélas! il m'a fallu devenir presque sage. Vous en douteriez peut-être, si vous m'aviez vu parcourir avec tant de satisfaction la série de vos aventures riantes, où la raison sait si bien se faire faire une petite place, sans nuire à la gaieté, sa bonne et véritable sœur.

« Avec mes remerciements et mes excuses pour le retard que j'ai mis à vous accuser réception de votre envoi,

« Agréez, etc.

« BÉRANGER.

« Passy, 11 juillet 1849. »

Un des soucis de Béranger à l'égard de Nadaud était de lui voir gagner de l'argent.

— Mon cher, lui disait-il, quelque temps avant de mourir, songez à vos intérêts... Vous avez une vogue et un succès mérités. Demandez-leur de quoi vivre à l'aise sur vos vieux jours. Voyez-moi ! Sans une petite rente de mille écus je manquerais du nécessaire.

Et Nadaud, aussi désintéressé que Béranger, vit, — et vit heureux, — des 6,000 francs de rente que son éditeur Heugel lui a assurés contre l'exploitation et le monopole de toutes ses productions.

Ce qui rehausse le prix des poésies inédites du chansonnier, c'est qu'il ne les prodigue pas. A part quelques intimes dont il prise l'opinion, il ne répand pas ses élucubrations et refuse de chanter en public. Un auditoire trop nombreux l'intimide, et puis il a été effarouché par certaines bévues qui rappellent l'exclamation du bonnetier introduit dans l'atelier d'Eugène Delacroix et mis en face de ses plus belles toiles :

— Dieu ! les beaux cadres ! s'écria le Prudhomme.

Un monsieur chez lequel Nadaud avait chanté *Carcassonne* lui dit :

— Quelle jolie voix vous avez !

Et un banquier alsacien, interrogé sur ce qu'il pensait des *Deux Gendarmes*, demanda pourquoi *l'abricotier* revenait sans cesse dans la romance.

Le *brigadier* du refrain avait sonné *abricotier* à l'oreille du millionnaire !

Quand Nadaud va dans le monde on lui tend force albums pour qu'il y mette un quatrain et sa signature. J'ai copié jadis les huit vers suivants sur le recueil d'autographes d'un Géronte qui l'avait poursuivi de ses sollicitations :

> Deux maris trompés, deux confrères
>   Marchant de front,
> Subissent d'une façon contraire
>   Le même affront.
> Le premier est un imbécile
>   Et ne sait rien ;
> Le deuxième est un homme habile
>   Et le sait bien.

Nadaud est un des vieux amis de M. Chevreau, l'ancien préfet de la Seine. Un jour qu'il passa par Nantes, alors que celui-ci administrait le département de la Loire-Inférieure, le chansonnier, descendu à l'hôtel en simple touriste et sans habit noir, n'osa point aller serrer la main de son confrère. (M. Chevreau est poëte à ses heures.) Dépit du fonctionnaire qui sournoisement, sans confier son plan à personne, fait empoigner Nadaud par quatre gendarmes, sous prétexte qu'il n'a pas de passe-port, et ordonne qu'il soit incarcéré dans la prison de la ville.

Le soir venu, Nadaud, pour cause d'interrogatoire, est amené à la préfecture, où il trouve M. Chevreau, qui lui dit en lui désignant son couvert d'un air enjoué :

— Puisqu'il n'y avait pas moyen de vous avoir à dîner autrement...

Quand Nadaud raconte cette histoire il ajoute :

— J'ai ressenti un instant de peur, car durant le trajet du cachot à la préfecture le brigadier m'a dit d'un air terrible en tirant son grand sabre : « Pour

lors, c'est vous qu'êtes le nommé Nadaud... celui qu'a
blagué les gendarmes ? »

Nadaud a été décoré en 1861. Un ami haut placé
lui a fait pendant sept ans la niche involontaire de
lui écrire : « Ne quittez pas Paris le 15 août pro-
chain... Votre nomination est signée. » Et Nadaud,
sans tenir compte de cet avis, filait régulièrement à la
campagne. C'est dans le Dauphiné qu'il reçut sa croix.
Il la porte avec la simplicité et l'aisance de ceux qui
la tiennent de leur talent et de l'opinion publique, et
non avec l'arrogance et la prétention de ceux qui la
doivent à l'intrigue et à la faveur.

MADEMOISELLE SCHNEIDER.

———

Je n'ai pas la prétention d'écrire pour la postérité : d'illustres confrères, dont l'œuvre restera, se sont chargés et se chargent tous les jours de prouver aux âges futurs que notre siècle n'aura pas été dépourvu de talents... Cependant, sur le point de tracer les lignes qui suivent, je me prends à penser que si, dans une centaine d'années, quelque « consulteur » de vieux bouquins tombe sur cette étude, il la parcourra certainement avec intérêt, malgré son apparente frivolité, et me saura gré de l'avoir introduit dans l'hôtel de Mlle Hortense Schneider. Ne serions-nous pas curieux de connaître aujourd'hui, par le détail, le logis de la Champmeslé? Ne lirions-nous pas avidement l'ordonnance intime de *l'at-home*, les splendeurs du mobilier et l'énumération des bibelots préférés de l'actrice que Racine et Boileau ont immortalisée? La minutieuse description d'une petite maison ou d'un boudoir où les danseuses, — alors que régnait Louis XV, — enrichissaient des gentilshommes et dévalisaient des fermiers généraux, ne serait-elle point aujourd'hui un régal des plus piquants? Au surplus, sans envisager les choses sous un jour aussi philosophique et sans songer aux lecteurs de l'avenir, il me faut satisfaire les lecteurs du présent qui sont friands d'indiscrétions et applaudissent les escalades par-dessus les murs de la vie privée. Cela dit, je commence.

Si vous avez observé les promeneurs qui, le tantôt, se rendent au Bois, vous avez remarqué que, tous et toutes, — toutes surtout, — arrivés dans l'avenue du Bois de Boulogne, au niveau de l'hôtel de la diva, tournent la tête vers l'élégant castel que lui a construit l'architecte Férot, et tâchent, par les fenêtres ouvertes, de surprendre quelques-uns des enchantements de l'intérieur.

Une femme du meilleur ton me disait l'autre soir encore :

— Il paraît que c'est superbe chez Mlle Schneider. Elle devrait permettre de visiter sa demeure moyennant un louis pour les pauvres. Je gage qu'elle recueillerait cent mille francs en trois mois!

Il y a là, madame, une idée que je compte soumettre à la grande artiste. En attendant, et en manière d'avant-goût, veuillez lire « l'état de lieux » que j'ai été dresser chez elle à votre intention, avec la conscience d'un huissier et le sans-façon d'un reporter.

On entre par la rue Lesueur, et l'on se trouve de plain-pied dans une cour immense. A gauche, la construction principale; à droite les communs, avec lesquels j'en veux finir tout de suite. Par les portes entre-bâillées de l'écurie, j'aperçois deux *cobs* et deux chevaux russes. Sous la remise, encapuchonnées de serge verte, cinq voitures : une calèche à huit ressorts, deux victorias et deux coupés. Tout cela reluit dans la pénombre. Le soleil accroche des étincelles à l'acier des chaînes et plante des touches lumineuses sur la porcelaine des mangeoires. De la litière, fraîche et tressée à ses bords, s'exhale un parfum très supportable de crottin de bonne maison.

Tout à coup retentit le son d'une cloche, — un son qui vous surprend. Ce n'est pas un tintement clair et mélodieux, c'est une vibration grave et presque pleurarde. Un peu plus on dirait un glas. Il y a de vieux clochers d'église qui annoncent l'*Angelus* sur le même ton... La chanteuse a longtemps cherché cette note, qui est l'apanage des antiques carillons. Elle a « fait », pour la trouver, tous les fondeurs de la capitale.

— Je vois ce que madame veut, lui dit le dernier marchand, madame désire quelque chose de fêlé... comme qui dirait ceci.

Et, soulevant une cloche rouillée, bossuée, fendue, et marquée d'un millésime suranné, il la frappa : le bronze mugit.

— Bravo, c'est ça ! fit Mlle Schneider ; c'est un *fa dièze !*... Mais dites-moi, monsieur : le cadran qui marquera les heures épelées par cette cloche ne peut être un cadran moderne : cela ressemblerait à un petit-crevé s'exprimant dans la langue de Rabelais. Trouvez-moi un cadran « *fa dièze* » aussi...

Et voilà comment l'horloge des communs possède un cadran d'émail, confectionné sous Louis XIII et arraché au fronton d'une ancienne chapelle de l'Angoumois.

Je ne quitterai pas ce corps de logis sans vous présenter un de ses locataires, un épagneul anglais superbe, nommé *Graus*. Si les théories de la métempsycose sont réelles, l'âme de *Graus* a dû loger dans le corps d'un professeur de galanterie. Quand sa maîtresse rentre, le bel animal court à sa rencontre, saisit délicatement sa main droite dans sa gueule et la reconduit ainsi jusqu'au perron, avec la solennelle fierté d'un chambellan. Ce devoir accompli, *Graus* rentre dans sa niche et reprend, avec ses puces,— des puces anglaises, s'il vous plaît! — la conversation interrompue.

Avant de pénétrer dans le temple, je tiens à vous présenter la divinité. Ce n'est point un portrait que je médite. La photographie, la gravure et la peinture nous ont accablé de Grandes-Duchesses, de Péricholes, de Boulottes, etc., etc. Vous connaissez d'ailleurs ce visage exquis, toujours jeune et illuminé par un regard indéfinissable, — ce sourire empreint d'une fine ironie, — ce masque affable qui, sans régularité mathématique et sans beauté transcendante, possède un charme auquel nul n'échappe. Aussi ne veux-je

consigner ici que certains détails absolument étrangers
à l'ordre physique. Il y a dans cette jolie tête des
choses que l'on ne soupçonne pas. Douée d'une énergie et d'une volonté toutes viriles, la séduisante diva
est, suivant sa volonté, homme ou femme. Un cerveau masculin seul a pu mener à bien la bâtisse,
l'aménagement et l'ameublement de ce palais, qui
vaut, contenant et contenu, quinze cent mille francs
au bas mot ! Mlle Schneider a choisi ou acheté elle-
même, pièce par pièce, les merveilles de goût et de
confortable qu'il contient. Artiste et connaisseuse,
elle a couru pendant six mois le bric-à-brac, allant
chercher, même en province, les raretés que lui signa-
laient des correspondants serviables. Des gobelins de
haute lisse, découverts par elle, ont été placés contre
les murs en sa présence. Les tapissiers n'ont pas
enfoncé un clou sans qu'elle fût là, et le jour n'est pas
loin où elle se faisait servir ses repas sur les marches
de son escalier. Accroupie et l'œil au guet, elle sur-
veillait les faits et gestes des ouvriers. Aujourd'hui
encore, elle consacrera une semaine à chercher un
carré de « petit point » pour couvrir le dossier d'un
fauteuil déterré rue de Lappe, chez un revendeur de
vingtième classe... Mais n'anticipons pas sur les faits
et procédons par ordre.

Au-dessus de la porte d'entrée, on aperçoit les
armes de la châtelaine : une lyre, soutenue par deux
amours et surmontée d'une couronne de roses, avec :

Je chante pour devise, blason parlant et galant entre tous. La porte d'entrée, décorée de la date 1525, divise en deux parties l'escalier de pierre de taille, dont la moitié, protégée par une verandah gigantesque, tombe dans la cour, et dont l'autre moitié aboutit au grand péristyle. C'est là que l'enchantement commence. Cuivres flamands, appliques ciselées, cartels, baromètres, étoffes uniques, bois sculptés, décorations de haut style, rien n'y manque. L'escalier intérieur qui conduit au premier étage est large à pouvoir être gravi six de front. Sa rampe, de vieux chêne authentique, a été apportée là, morceau par morceau, et remontée avec mille soins. La pente en est si douce, les degrés en sont si bas, qu'on le monte sans s'en apercevoir... Bref, cette première antichambre est d'un puissant effet. Elle laisse comprendre tout de suite qu'on n'est pas dans un vide-bouteille de Nogent ou de Chatou. Il n'a pas fallu moins de six mois pour terminer ce *hall*, et tel est son luxe et sa dimension, que Mlle Schneider me disait :

— J'ai eu un instant l'idée de pendre « la crémaillère » dans mon escalier, mais j'y ai renoncé.

Le fait est qu'on y donnerait un bal à cent personnes.

Sur ce carré somptueux s'ouvrent le salon et la salle à manger.

Guidé par la dame de la maison, je franchis le seuil de cette dernière pièce, et je m'y sentis envahi par l'impression qu'on ressent dans les appartements royaux du vieux Louvre.

Cette salle à manger, avec ses étagères surchargées de vaisselles d'or et d'argent, ses émaux et ses faïences, rappelle aussi, par son agencement, certaines salles du musée de Cluny, — à la fameuse ceinture près! Je n'en finirais pas si je voulais consigner ici les détails artistiques de ce réfectoire sans rival. Le tapis de la table a « posé » pour un des meilleurs tableaux de Leloir : les chenêts de la grande cheminée ont leur généalogie gravée sur leurs trépieds ; les briques de l'âtre proviennent de démolitions historiques opérées en Flandre... Ce vase de Nevers, haut comme un tambour-major, a été acheté à la vente de Mme Cordier. Et ce rideau de guipure? tamise-t-il assez savamment le jour, de compte à demi avec les vitraux moyen-âge enchâssés dans les montants de l'énorme fenêtre?

Un détail à ce sujet :

Mlle Schneider a un tic, une manie : son temps se passe à faire la chasse aux atomes de poussière qui s'abattent sur ses bibelots. Ses sept domestiques se promènent toujours un plumeau à la main. Elle commande en personne cette escouade, armée d'un balai mignon dont elle fourre les soies jusque dans les moindres recoins. Eh bien! elle en est arrivée à transiger avec ses faiblesses. Elle sait que les vitraux gagnent à n'être point nettoyés et que le temps, jetant sa crasse sur leurs couleurs, donne à leurs tons une résultante plus harmonieuse. Aussi l'ai-je entendue gourmander, — en partie double, — un valet de chambre qui avait laissé de la poussière sous des meubles et qui en avait enlevé aux châssis.

— Ça ne se lave pas, les vitraux! disait-elle, en faisant la moue.

Elle n'eut de repos que lorsqu'elle eut fait jeter, sous ses yeux, de la cendre contre les vitres, imitant ainsi les restaurateurs auxquels on demande du vin vieux et qui saupoudrent leurs bouteilles avec des toiles d'araignée artificielles.

Deux salons et la serre complètent le rez-de-chaussée. Les salons sont du style Louis XIV.

Au temps où l'on y travaillait encore :

— Ils avancent, disait devant moi à une femme de chambre un ouvrier tapissier, — vrai gamin de Paris, gouailleur et spirituel — ils avancent mes salons Louis XIV : *ils sont déjà Louis XIII!*

Quant à la serre, les tropiques ont été dévalisés de leur flore au bénéfice de cet Éden, dont les portes, — détail caractéristique, — ont été copiées sur celles de la serre qu'on admirait au deuxième acte du *Sphinx*. A une représentation de ce drame, Schneider fut frappée du dessin de ces portes ; elle en demanda le croquis à M. Perrin, qui s'empressa de le lui envoyer. Le fond de ce jardin d'hiver est complètement garni par une glace qui n'a pas moins de cinq mètres de hauteur sur quatre de largeur. Cette glace mirifique a failli causer de graves accidents durant son trajet de la miroiterie à l'hôtel. Transportée debout sur un camion, elle effrayait les chevaux. Le pur-sang de certain comte, — le plus excentrique des sportsmen, — s'emballa, s'abattit et se couronna la jambe droite. Le cavalier, lui, s'en tira à bon compte; mais il alla néanmoins demander des dommages-intérêts à la Grande-Duchesse, qui lui donna sa main gantée à baiser avec des airs d'impératrice... Le comte, pour recommencer la fête, voulait incontinent couronner la jambe gauche de son dada : la Grande-Duchesse lui signifia qu'il n'en aurait pas davantage et... c'est ainsi que finit l'aventure.

Nous allions par les couloirs, sans parti pris... C'est ainsi que nous descendîmes dans les sous-sols, alors que nous pensions monter au premier étage. La porte de l'office était ouverte, et je voyais s'enfoncer dans le vide obscur un escalier de service dont le tambour est orné de plus de vingt tuyaux de calibres différents. Ces conduits constituent, pour ainsi dire, le système veineux et artériel de l'immeuble.

L'eau chaude, l'eau froide, la chaleur, la fraîcheur et la lumière sont distribuées par ces canaux dans toutes les parties du bâtiment.

Les foyers divers qui alimentent ces serpents de plomb sont établis dans les caves... Certains, — ceux d'eau chaude et ceux d'eau froide, — partent de la

cuisine... J'ai vu bien des cuisines dans ma vie : je
déclare que celle de mademoiselle Schneider dépasse
tout ce qu'on peut imaginer de plus séduisant. Vatel et
Carême n'opéraient pas dans un milieu si luxueux. Les
yeux n'y rencontrent que du noyer massif, du marbre
blanc, de la faïence et du cuivre. Le bord des tablettes, où chaudrons et casseroles resplendissent
comme des soleils, est garni de guipures. A l'avenant
sont les laveries, les garde-mangers et le réfectoire
des domestiques. Tout y est ciré, astiqué!... On se
croirait dans un couvent.. La cuisinière,— une Belge,
— vous arrache à cette illusion par son parler indépendant ; et les parfuns éminemment laïques qui
s'échappent des lèchefrites convainquent le visiteur
qu'on ne suit pas, dans la maison, le régime ascétique
des monastères.

Nous voici au premier étage.

Nous pénétrons dans le bureau, encombré de meubles de tous genres : larges divans où l'on peut dormir
en travers, coussins orientaux, bonheurs-du-jour et
bonheurs-du-soir, secrétaires de laque, fauteuils
garnis d'étoffes mordorées, chaises basses enfonçant
leurs pieds dans la haute laine des tapis asiatiques,
jardinières de cuivre, potiches ventrues... c'est un
éblouissement continuel !

Sur une table, des coupes offertes à la diva par ses
auteurs patentés et par les directions dont elle a rempli
les coffres-forts. Sur un guéridon, un livre est en-

tr'ouvert ; le couteau à papier qui marque la page non
parcourue est d'or massif, incrusté de diamants. Aux
murs, des ébauches de maîtres : un *Renard*, signé
Fortuny, et de nombreux portraits par Pérignon. Plusieurs de ces toiles représentent les chiens favoris de
la maison, — des terriers anglais gros comme le poing.
— Ces animalcules ne quittent jamais leur maîtresse :
ce sont ses gardes du corps. Est-elle assise ? Ils sau-
tent sur ses genoux. Ils se couchent aussi parfois sur
la traîne de sa robe de chambre, en sorte qu'en se
levant mademoiselle Schneider emmène à sa suite et
charrie sur les parquets de marqueterie cette nichée
de roquets impudents. Elle en a cinq qui, en ma présence, se firent véhiculer de la sorte du bureau dans la
chambre à coucher, où nous allons nous arrêter quelques minutes.

Le lit Renaissance à baldaquin est juché sur une
estrade de velours d'Utrecht élevée au-dessus du plancher, au point que la Périchole dit plaisamment :

— Quand je veux me reposer, je quitte mes mules
au rez-de-chaussée et je m'étends au premier étage.

Deux glaces énormes, plaquées symétriquement aux
murs de chaque côté du lit, disent deux fois à la dor-
meuse si elle est aussi jolie à son réveil qu'à son coucher. Ce lit a son histoire. Signalé à l'actrice par le
collectionneur des Rothschild, il fut acheté par elle
avec sa courtepointe de satin rouge soutaché de soie
blanche. Etoffe et boiserie sont contemporaines. Le

tout fut enlevé à Venise, dans un palais, par les bro-
canteurs qui suivaient les armées de Napoléon Iᵉʳ. Une
Vénitienne, aux yeux alanguis et aux cheveux d'or,
a probablement fermé ses paupières frangées de cils
noirs sous ce dais princier. Cette couverture, — si elle
pouvait parler, — raconterait de piquantes chroniques;
j'y constate une tache blanchâtre : une goutte de poi-
son aura peut-être mangé la couleur, ou bien la belle
aura mordu trop avant dans le limon que lui présentait
sa négresse favorite!

A notre entrée, une chatte saute, effrayée, à bas de
cette couche superbe. Les flancs de la bête attestent
que les joies de la maternité lui sont prochainement
réservées. La Grande-Duchesse, qui pourrait présider
la Société protectrice des animaux, se contente de
blâmer doucement cette privauté :

— Tu veux faire tes couches sur du satin qui a cinq
cents ans. C'est vraiment trop d'exigence, minette.

La cheminée est surmontée d'un portrait de Boulotte
(par Perignon toujours)... Je n'aime qu'à demi ce
buste coupé par la tablette du « monument »; mais
j'admire les faïences de l'âtre et surtout certain soufflet antique qui fut offert à l'actrice par un collectionneur spirituel, admirateur fervent de sa beauté et de
son talent.

« Acceptez, lui écrivit-il, ce bibelot, qui est un rare
vestige d'une époque où le calorifère n'était pas inventé. Contrairement aux usages, je vous envoie le

soufflet et les témoins. L'affaire aura les suites que vous voudrez. »

Les témoins étaient la pelle et les pincettes, deux chefs-d'œuvre de ferronnerie.

Parlerai-je des portes en noyer massif? Signalerai-je leurs antiques serrures et leurs verrous énormes (on ne saurait prendre trop de précautions) ciselés à froid par la main d'un Benvenuto moderne? Aussi bien, il me faut abréger cette interminable nomenclature de précieuses babioles. Je ne dirai pas un mot des tentures des fenêtres, assorties à celles du lit, ni des rideaux en point de Venise (ils valent deux cents louis la paire), ni du plafond à caissons ou apparaît le H. S. que l'on retrouve partout, — dans les carreaux de l'antichambre comme sur le flanc des aiguières. Rien non plus des chaises et des bahuts, que le musée du Louvre pourrait envier. Un hommage pourtant à cette Vierge de vieil ivoire (école Jean de Bologne), et à ce miroir à main que l'on a tant admiré, il y a deux ans, dans les vitrines de l'exposition du Corps législatif. C'est une sculpture qui n'a pas de prix. Un Anglais en a offert deux mille livres sterling à son premier propriétaire... Mademoiselle Schneider n'a eu qu'à chanter une romance pour l'obtenir.

On suppose sans peine qu'une organisation si luxueusement et si artistiquement entendue s'est particulièrement affirmée dans le cabinet de toilette.

Les pièces du nécessaire de vermeil sont étalées sur

une table Louis XV. A côté, un jeu de peignes d'écaille
blonde, dont les tons roux tranchent sur le satin bleu.
J'ai compté jusqu'à sept démêloirs dans lesquels est
incrusté, en argent, le chiffre de la diva. La cheminée,
en onyx d'Algérie, supporte une garniture de vieux
saxe, et sur les murs, tendus de cretonne de soie à
ramages, j'aperçois deux aquarelles : l'une de Morin,
représente la loge de la cantatrice ; l'autre, qui montre
un traîneau cosaque, est signée d'un nom russe.

Les meubles les plus remarquables de cette pièce,
située au-dessus de la serre, sont, deux armoires
à glace dont les vantaux ont près de deux mètres
de largeur. Les ébénistes et les entrepreneurs de
bâtisses s'extasient sur ce tour de force. L'avoue-
rai-je? ce prodige de menuiserie m'a laissé froid, et
j'ai passé dans la salle de bain, garnie du haut en bas
de faïences italiennes. La baignoire a été creusée dans
un bloc d'onyx. Les robinets qui l'alimentent sont d'argent massif. Je vous fais grâce des combles; mais c'est
à regret qu'un sentiment de convenance me rend silencieux sur certain retiro où l'on a déployé tous les
raffinements de l'aisance la plus méticuleuse. Une
mention à la petite terrasse où la meute de la diva est
chaque matin peignée et lavée. De ce point, le regard
plonge chez ses voisins : le roi d'Espagne, Sarah Félix,
et le poulailler où, régulièrement tous les jours, ma-
moiselle Schneider va chercher des œufs qu'elle avale
tout crus. Est-ce à cette opération que la belle Hélène

doit d'avoir conservé plus fraîche et plus pure que
jamais cette voix mélodieuse qui a élevé l'opérette à
la hauteur du grand art ? Je l'ignore. Toujours est-il
qu'après mon opulent inventaire, je m'étais, saoûl
d'admiration et le regard fatigué par ce fouillis bril-
lant, assis dans un fauteuil du boudoir... A ce moment, la diva ouvrit son piano et me chanta le *Dites-
lui* avec la maëstria, la séduction et le sentiment dont
elle a seule le secret...

Décidément la chose admirable entre toutes ces
choses admirables, c'est encore le talent de la Grande-
Duchesse ?

M. ERNEST RENAN.

Des relations qui remontent à près de vingt ans me valent le périlleux honneur de présenter M. Ernest Renan à mes lecteurs. En aucune circonstance, je n'ai tant maudit la précipitation qu'impose l'Actualité aux travaux du journaliste, car celui que l'Académie française a reçu récemment, était immortel avant de s'asseoir dans son amphithéâtre et mérite mieux qu'un rapide croquis. Sa silhouette est trop grande pour tenir dans le carnet d'un reporter. On ne fait pas une pochade d'après un modèle qui, plus hardi que Jacob luttant avec un ange, a étonné le monde en s'attaquant à un Dieu.

Ma tâche est du moins simplifiée en ce sens que je n'ai pas à commenter l'œuvre du récipiendaire et à me prononcer sur l'action réparatrice ou dissolvante de sa philosophie.

J'ai pour unique mission de montrer le savant affable et doux, duquel l'ambassadeur actuel de France à Berne a dit : « Il pense comme un homme, il sent comme une femme, il agit comme un enfant. »

M. Challemel-Lacour eût pu ajouter : « Il écrit comme un génie ». Jamais littérateur français n'a porté plus loin le charme de la forme, la suavité des images, la mélodie du style. Jamais poète n'a parlé une langue plus correcte et plus pure. Dans la plupart de ses livres, sa prose rhythmée et caressante a les mélancoliques harmonies des sonates de Beethoven et le charme des meilleures pages de Mozart. Sous ce rapport, nous n'avons pas à complimenter l'illustre Compagnie d'avoir admis M. Renan dans son sein. Les actes de justice se constatent et ne se louent point.

M. Ernest Renan est breton.

« Je suis né, dit-il en des pages intimes, de pa« rents barbares, chez les Cimmériens bons et ver« tueux qui habitent au bord d'une mer sombre, hé« rissée de rochers, toujours battue par les orages.
« On y connaît à peine le soleil ; les fleurs sont les « mousses marines, les algues et les coquillages co« loriés qu'on trouve au fond des baies solitaires.
« Les nuages y paraissent sans couleur, et la joie « même y est un peu triste ; mais des fontaines d'eau « froide y sortent du rocher, et les yeux des jeunes « filles y sont comme ces vertes fontaines où, sur des « fonds d'herbes ondulées, se mire le ciel ».

Il écrit plus loin, parlant de son père qui était marin :

« Il me donna le jour, vieux, au retour d'un long « voyage. Dans les premières lueurs de mon être,

« j'ai senti les froides brumes de la mer, subi la bise
« du matin, traversé l'âpre et mélancolique insomnie
« du banc de quart. »

L'auteur de la *Vie de Jésus* vint au monde avant
terme, si faible, que pendant deux mois on crut qu'il
ne vivrait pas. Gode, une vieille sorcière de village,
dit à sa mère qu'elle avait un moyen sûr pour savoir
son sort. Elle prit une des petites chemises du ché-
tif nourrisson, alla un matin à l'étang sacré et revint
la face resplendissante. « Il veut vivre, il veut vivre !
cria-t-elle. A peine jetée sur l'eau, la petite chemise
s'est soulevée ! »

Aujourd'hui, cet être souffreteux et malingre est
un homme sain et robuste, — à quelques rhumatismes
près. En résistant à toutes les épreuves physiques de
la vie et en accomplissant de pénibles voyages dans
des conditions souvent fatales aux plus solides consti-
tutions, il a victorieusement démontré qu'il ne faut
pas s'alarmer des débilités du bas âge. La redoutable
colère des Océans, les pernicieuses exhalaisons des
marais asiatiques et les mille menaces des atmos-
pèhres torrides n'ont rien pu sur son organisme pro-
tégé et défendu par un régime chaste et sobre.

On sait que M. Renan a reçu tout d'abord une éducation religieuse et qu'il devait embrasser la carrière
ecclésiastique. Il a eu pour maître, à Saint-Sulpice,
l'abbé qui fut plus tard Monseigneur Dupanloup et
qui disait malicieusement de son élève : « C'est l'en-

fant gâté de la maison ». On sait aussi comment le jeune séminariste brûla ce qu'il avait adoré et secoua le joug de ses premières croyances. De là l'erreur généralement répandue que M. Renan est athée. Non seulement M. Renan est DIVINISTE, mais il n'a jamais pu se défendre d'une certaine tendresse, sinon pour le dogme, du moins pour les pompes qu'il a abandonnées. Il aime en artiste, en croyant, le silence et la majesté des églises. Il le confesse :

« Je me retrouvais moi-même, quand j'avais revu
« mon haut clocher, la nef aiguë, le cloître et les
« tombes du quinzième siècle qui y sont couchées ;
« je n'étais à l'aise que dans la compagnie des morts,
« près de ces chevaliers, de ces nobles dames, dor-
« mant d'un sommeil calme, avec leurs levrettes à
« leurs pieds et leurs grands flambeaux de pierre à
« la main... Au fond, je sens que ma vie est toujours
« gouvernée par une foi que je n'ai plus. La foi a
« cela de particulier que, disparue, elle agit encore.
« La grâce survit par l'habitude au sentiment vivant
« qu'on en a eu. On continue de faire machinalement
« ce qu'on faisait d'abord en esprit et en vérité. Après
« qu'Orphée, ayant perdu son idéal, eut été mis en
« pièces par les Ménades, sa lyre ne savait toujours
« dire qu'Eurydice, Eurydice ! »

Parlant des miracles que lui racontaient des professeurs tonsurés, il ajoute :

« Dans la bouche de personnes en qui j'avais une

« confiance absolue, ces saintes inepties prenaient
« une autorité qui me saisissait jusqu'au fond de mon
« être. Maintenant, avec ma pauvre âme déveloutée
« de cinquante ans, cette impression dure encore. »

Je ne voudrais pas mêler un détail puéril à ces citations éloquentes, et pourtant il me faut consigner un
trait caractéristique : il y a dix ans encore, M. Renan
portait des bas noirs. Peut-être les porte-t-il encore à cette heure... Enfin, voulez-vous savoir
comment le dissident envisage le célibat des prêtres ?

« Mariez le prêtre, dit-il, et vous détruirez un des
« éléments les plus nécessaires, une des nuances les
« plus délicates de notre société. La femme protes-
« tera, car il y a une chose à laquelle la femme tient
« encore plus qu'à être aimée, c'est qu'on attache de
« l'importance à l'amour. On ne flatte jamais plus
« la femme qu'en lui témoignant qu'on la craint.
« L'Église, en imposant pour premier devoir à ses
« ministres la chasteté, caresse la vanité féminine
« en ce qu'elle a de plus intime. »

J'ai déclaré plus haut que l'esprit de M. Renan est
loin des tristes et decevantes négations qu'on lui suppose. Je reviens sur ce point.

Les pages admirables imprimées pour un cercle
étroit de parents et d'amis où il raconte la fin na-
vrante de sa sœur bien-aimée, compagne héroïque
de ses luttes, de ses déplacements et de ses labeurs,
se terminent par cette déclaration catégorique : « Je

vois maintenant avec évidence que toute la logique du système de l'Univers serait renversée si de telles vies n'étaient que duperie et illusion. » De là à déclarer que la mort est le prologue d'une vie éternelle, il n'y a pas loin. M. Renan n'a-t-il pas dit, dans la belle harangue qu'il a prononcée sous la coupole de l'Institut, en s'adressant aux sceptiques, qu'ils sont peut-être attendus, après leur mort, par *la belle déception d'une vie future.*

On aurait tort, épousant les illusions de la masse, d'accuser l'auteur des *Apôtres* de ne pas croire assez, — il est tout près de croire trop. J'entends par là que son idéalisme s'égare parfois en des rêveries qui touchent aux fictions du paganisme. Dans ses récents *Dialogues philosophiques*, il nous présente, le plus sérieusement du monde, un Olympe sigulier composé de *Dêvas* (dieux), issus par sélection et formés d'une quintessence de la race humaine. Ces mortels, portés à l'immortalité par les progrès moraux et scientifiques, régiront le monde du haut d'une montagne du plateau central de l'Asie, et telle sera leur toute-puissance magnétique que, par l'effort combiné de leurs volontés, ils puniront les méchants, récompenseront les bons et foudroieront au besoin les révoltés. Il va sans dire que ces *Dêvas* ignoreront les amours terrestres et... leurs agréments. La perpétuation de l'espèce deviendra le « gros ouvrage » dévolu à la vile multitude.

Ces théories étranges ne font-elles pas songer aux divagations de quelque théologue levantin, ivre de hatchich ou affolé par une potion trop laudanisée?

Un prélat éminent et spirituel qui suit M. Renan de près, disait dernièrement au sujet de ces bizarreries :

— Pourquoi va-t-il chercher si loin des Bons Dieux qu'il ne connaît pas, alors qu'il en a sous la main qui ont fait leurs preuves, et dont nul, — pas même lui ! — n'a eu à se plaindre?

Mais c'est assez, — c'est trop peut-être, — nous occuper du grand poète à ce point de vue spécial. Aussi bien on gagne la migraine à se pencher sur les abîmes que sa pensée se complaît à sonder. J'ai causé des mystères de la mort de M. Renan, — ou, pour être plus exact, — je l'ai souvent entendu discourir sur ces mystères. La fin de l'entretien m'a, chaque fois, trouvé ni plus ni moins fixé que devant, — avec un mal de tête en plus...

Le bonhomme qui montre Notre-Dame aux étrangers invita un jour un de ses amis à souper sur la plus haute terrasse de la basilique. L'amphitryon mangea beaucoup, mais l'invité, pris de vertige, ne put avaler une bouchée. Il est en de même dans les discussions de cet ordre : à ceux qui n'y sont pas accoutumés la tête tourne infailliblement.

M. Renan habite, 16, rue Saint-Guillaume, l'hôtel du célèbre Talon, qui fut président à mortier. La

maison qui date du dix-septième siècle, offre aux
yeux l'apparence austère et la nette conservation
d'un vieux magistrat. Le corps de logis principal,
bâti en retrait, n'a que deux étages. C'est au second
que poursuit sa calme et studieuse carrière le nouvel académicien. Jamais il ne m'a été donné de
pénétrer dans un intérieur plus simplement honnête et plus sincèrement courtois. M. Renan mène
là, entre sa femme et ses enfants, une existence de
patriarche. On sent qu'une inaltérable affection et une
paix sans nuages groupent ces quatre êtres autour du
foyer commun. Ils échangent à tout instant des regard chargés de tendresse. Leurs prunelles ont de ces
éclairs qu'on surprend, dans les gares, aux yeux des
parents qui se revoient après une longue absence, et
il y a quelque chose d'avide et d'inassouvi dans l'a-
mour qui dilate ces pupilles toujours en train de se
chercher.

Les murs, les tables, les bibliothèques, les étagères racontent, par des épures, des pierres et des surmoulages, les missions du maître qui, plusieurs fois,
est allé recueillir en Syrie et en Phénicie les documents nécessaires à ses ouvrages philologiques.

Un souvenir à ce sujet.

Il y a quatorze ans environ, Prunaire, un graveur
de mes amis, vint me voir dans mon petit logis de la
rue Caumartin, et me présenta un garçon, jeune encore, mais déjà grisonnant. Son extérieur était abso-

lument sympathique, sa voix d'un timbre agréable, et sa conversation trahissait une réelle bonne humeur. Prunaire me confia que son compagnon, récemment arrivé d'Orient, avait l'intention d'écrire dans le *Figaro* ou dans l'*Evénement*. (Mes souvenirs ne sont pas précis sur le titre.) Le teint basané du jeune homme accusait les rudes baisers du soleil africain, et ses traits étaient alanguis et tirés, au point que je lui demandai s'il avait eu les fièvres.

— Non, me répondit-il, j'ai toujours été maigre, et l'on me croit volontiers poitrinaire. *Je fais exprès...* Je ne m'en porte pas plus mal et ça intéresse les gens à ma personne.

Celui qui me parlait en ces termes était Edouard Lockroy. Il avait accompagné M. Renan en Syrie, comme secrétaire, photographe et peintre de l'expédition. Lockroy débuta effectivement dans le *Figaro*, quelques jours après, par un article désopilant intitulé *les Yeux de Verre*. On sait le chemin qu'il fit, et comment, d'écrivain léger, il devint homme d'Etat. Nous devisions dernièrement de sa fortune. M.Renan et moi, et mon interlocuteur me disait :

— J'ai de la peine à me figurer Lockroy au Conseil municipal de Paris ou à la tribune de Versailles, lorsque je me le rappelle, nous égayant dans nos étapes au travers des monts ardus et des ravins désolés. C'était le plus amusant compagnon de la caravane, sa gaieté ne connaissait point de relâches. Aussi raf-

folait-on de lui dans le Liban. Les indigènes l'appe-
laient familièrement *El Mousaouir* (l'artiste), et riaient
de ses farces à déraciner les cèdres. Les femmes surtout, ne lui cachaient pas leur sympathie, car il était
complaisant au possible et il excellait dans l'art de se
costumer. Je le verrai toute ma vie tel qu'il m'apparut un matin avec un turban jaune, un grand sabre
pendu à ses côtés par une ficelle, et des babouches
qui rendaient sa démarche incertaine. On lui eût pré-
dit ce jour-là qu'il serait député, — et qui sait? ministre
peut-être, — il aurait certainement cru à une plaisanterie. Quoi qu'il en soit, j'ai gardé d'Edouard Lockroy
un souvenir excellent.

De son mariage avec Mlle Cornélie Scheffer, nièce
d'Ary Scheffer, M. Renan a eu deux enfants. Mme Renan est fille du peintre Henri. Je l'ai connue jeune
fille dans sa famille que la phthisie a cruellement
décimée. Les liens d'une étroite amitié m'unissaient
à son frère Arnold, mort à Venise en 1871. C'était
un des plus jolis cavaliers qui se puissent rêver. A
l'extérieur d'un Apollon il joignait un esprit facile et
un caractère enjoué. Il me présenta à M. Renan dans
une petite villa que son père possédait à Chalifer,
entre Lagny et Meaux. M. Renan n'avait pas encore
remué le monde chrétien, en reprenant après l'Alle-
mand Strauss, la thèse qui assigne au fils de Dieu le
rang d'un grand prophète, — mais il méditait déjà
la *Vie de Jésus* et avait parlé de ses projets à son

beau-frère, car en chassant, un matin, dans un bois voisin, Arnold me dit avec la forme ironique et légère propre à son langage.

— Jésus-Christ n'a qu'à bien se tenir ! Renan lui prépare un abatage !... Je ne te dis que ça.

Le soir, à dîner, je considérai plus attentivement le mari de Mlle Scheffer. « Eh quoi ! me disais-je, cet individu de petite taille et de caractère timide, dont la voix est si douce et le geste si contenu, ce jeune savant à l'extérieur bourgeois, osera entreprendre un tel combat ! »

Je rêvais pour adversaire à Dieu un athlète mieux planté... Ma jeunesse et mon inexpérience m'autorisaient à ignorer que le cerveau d'un travailleur est comme un muscle auquel l'exercice et la volonté donnent des audaces inattendues.

J'ai maintes fois revu M. Renan depuis ce jour. Le succès, la notoriété, la gloire et les honneurs n'ont rien changé à son allure effacée, pour ne pas dire ordinaire. J'ai toujours retrouvé en lui le « petit bonhomme » de Chalifer, qu'il soit le compagnon du prince Napoléon, l'ami de George Sand, ou l'académicien de la rue Saint-Guillaume. Ses idées en matière religieuse sont évidemment fausses au point de vue du dogme chrétien, mais je pense que nul ne mérite plus que lui l'affection, la considération et l'admiration. M. Renan prouve, en tous cas, à ses détracteurs qu'une âme dévoyée peut rester estimable, et je

ne saurais mieux finir qu'en citant la belle parole
écrite par lui en tête de son étude sur M. de Sacy.

« L'honnêteté est la véritable aristocratie de nos
« jours ; celle-là n'a pas besoin d'être protégée, car,
« bien qu'on essaye aussi de la feindre, on ne réussit
« jamais à l'usurper. »

LE COURS DE M. CARO.

—

Si j'étais, présentement, ministre de l'instruction publique (c'est une hypothèse et non un désir que j'exprime), je voudrais, — comme tous les ministres passés, présents et futurs, — arrondir le budget de mon département. Et pour atteindre mon but du premier coup, je ne tergiverserais pas : je ferais payer fort cher les places au cours, professé en Sorbonne, par M. Caro, de l'Académie française.

Jamais philosophe, — y compris ceux des siècles les plus reculés, — n'a su inspirer à l'un et à l'autre sexe une curiosité et une admiration plus accentuées. Les entretiens hebdomadaires de M. Caro ne relèvent pas seulement de l'Université, ils appartiennent au fanatisme. J'en sais — et des plus frivoles — qui, pour recueillir sur les lèvres du maître les leçons qu'il excelle à formuler, prennent à peine le temps de déjeuner et volent au quartier latin, malgré vents et frimas, pour y faire queue, — absolument comme à la porte d'un théâtre en vogue.

Bien avant la séance, arrivent des équipages

luxueux qui s'alignent, en files pressées, le long des trottoirs et dans les rues adjacentes. Dès que les portes sont ouvertes, la foule impatiente envahit les gradins, — foule hétérogène et compacte où apparaissent tous les échantillons de l'espèce parisienne, — macédoine vivante et bariolée où grouillent, pêlemêle, les spécimens variés de notre société moderne, depuis la grande dame jusqu'à la « belle petite », en passant par la bourgeoise, la grisette et la cuisinière, — depuis le magistrat friand de beau langage jusqu'au besoigneux en quête d'un abri chauffé, sans oublier le savant, l'ecclésiastique, le soldat, le rapin, l'étudiant... et le valet de pied des carrosses rangés au dehors.

Cette année, l'élément féminin ne représente plus la majorité de l'assistance. L'an dernier, — phénomène surprenant devant une chaire réservée aux doctrines les plus ardues, — les chignons bouclés et les toques empanachées l'emportaient en nombre sur les crânes chauves et les feutres scolaires. C'était alors une affaire de mode. Le cours de M. Caro *était dans la note*. On s'y donnait rendez-vous comme aux courses ou dans les bals officiels. On essayait « à Caro » l'effet d'un chapeau de Virot ou d'un corsage de Laferrière. Là, fut lancée la fameuse tunique à tablier plissée, que madame de C... appelait son *costume de cours*.

Avant l'entrée du maître, on se contait les menus

potins de la ville; et des mariages s'ébauchaient, car, aussi bien qu'aujourd'hui, la mère pouvait, sans danger, asseoir sa fille, à ses côtés, sur les gradins... Le jeune homme, flanqué de son papa, rôdait dans les environs. A la sortie, les familles échangeaient les protocoles matrimoniaux, et, ma foi! l'on eût pu faire la noce sur l'heure puisque, — sans chercher beaucoup, — on eût trouvé un prêtre et un notaire dans l'auditoire.

Ces deux derniers mercredis, j'ai compté moins de femmes que par le passé, — et cependant, grâce à la diversité des types, l'amphithéâtre avait gardé son aspect pittoresque. Quelques fidèles,— comme Mme de Pourtalès, dont le crayon d'or trace si agilement des notes,— avaient déserté le temple, mais d'autres ferventes occupaient leurs places accoutumées. Mme de Flavigny, la maréchale Canrobert, la princesse de Caraman-Chimay, mesdames de Bourgoing, de Romilly, Monier, de Chambrun, de Lagrenée, Ackermann, Lerond de Gévry, de Janzé, Benière, y ont paru — et aussi, dans son coin, l'assidue excentrique, qui recherche, jusqu'à la manie, le commerce des hommes célèbres. Son culte pour les notoriétés l'égare au point qu'elle montre complaisamment à ses familiers un bouton de culotte de Gounod. Cette épave est, paraît-il, le commencement d'une série. Quand la collectionneuse en aura une quarantaine, — dérobés à des pantalons illustres, — elle s'en fera un collier !

Comme toujours, et comme si le dieu des contrastes, cet habile étalagiste, avait voulu faire ressortir ces avenantes silhouettes et ces falbalas mirifi-
ques, j'ai aperçu le facies revêche et ridé de quelques
vieux savants accroupis sous leurs culottes de velours
noir, et scandant, par les éclats périodiques de leur
catarrhe, les commentaires du professeur. Et puis, à
droite, un adolescent gouailleur, — plutôt fils d'Epi-
cure que disciple de Socrate, — qui communique ses
impressions à sa voisine, large commère, en train de
ravauder des bas. Plus loin, un volontaire d'un an,
— en uniforme battant neuf, — porte, — comme un
saint sacrement, — les gants, le voile, le mouchoir,
l'en-tout-cas et le manchon d'une brune dont le regard distrait flotte sur les cartouches des murailles.
Devant eux, une Anglaise aux dents de lièvre arbore
des lunettes bleues, grandes comme les roues d'un
phaéton, et laisse tomber l'ardoise où elle burine scrupuleusement les aphorismes de l'Immortel. Enfin, sur
le premier banc, un septuagénaire, d'un maintien
compassé, et vêtu comme le Planteur de l'enseigne de
la Compagnie coloniale, appuie son front pensif sur
sa main chargée de bagues. Je m'informe et j'apprends
— Rodrigue, qui l'eut cru? Chimène, qui l'eut dit?
— j'apprends qu'il se nomme Victor Considérant!

Il est une heure et demie. L'instant solennel approche. On entend un froufrou de soie, de dentelles
et de fourrures. Au paradis de l'amphithéâtre, der-

rière le flot des retardataires, apparaît le nez retroussé d'une exquise mondaine, à demi revenue des
vanités terrestres. L'huissier, qui réserve pour de
rares privilégiées des strapontins de couloirs et des
marches d'escalier, l'aperçoit, lui fait signe et court
la chercher. Il la ramène, dans le bas, par la porte du
Pontife — l'entrée des artistes ! On la dévisage. Mais
elle, — avec l'aisance de la femme blasée sur les flatteries, — avance vers son siège et rejette, d'un coup
de hanche, la jumelle qu'elle porte en sautoir. Elle
marche, — comme les bergeronnettes, — d'un pas
souple et doux. On dirait qu'elle a mis des houppes à
poudre de riz sous la semelle de ses mules de satin
noir. On sent, — à la considérer, — que cette sirène,
saturée d'émotions laïques et saoûle d'enivrements
profanes, poursuit maintenant des horizons nouveaux
sous la nef résonnante des cathédrales et réclame aux
graves échos de la Sorbonne des délassements inconnus.

Comme d'autres assistantes, elle ne va pas comprendre un mot du discours de l'orateur. Mais qu'importe ! Elle motivera du moins la thèse du moraliste
grincheux, qui soutient que la femme a pour fonction,
non point de philosopher, mais de demeurer au logis,
à écumer le pot-au-feu, à raccommoder les chaussettes
du chef de la communauté et à surveiller l'éducation
des enfants trop souvent livrés à une surveillance
mercenaire.

Enfin, voici l'appariteur. Ses mains portent le breuvage traditionnel, chargé d'humecter la gorge de l'orateur, — à la façon de l'eau qu'on jette sur les essieux prêts à s'enflammer. Le professeur le suit. *Deus, ecce Deus!* Il prend immédiatement possession de son fauteuil et procède avec une lenteur méthodique à quatre opérations invariables. D'abord, il dépose son chapeau à gauche sur la chaire, ensuite il place sa montre derrière son chapeau, puis il jette son mouchoir, à portée de sa main, près de sa montre, et, finalement, il prépare son verre d'eau sucrée comme s'il s'agissait d'une combinaison chimique.

M. Caro n'a guère plus de cinquante ans. La méditation a voilé ses traits d'une expression de mélancolie résignée. Ses paupières tombent volontiers sur le globe de ses yeux, — particularité qui trahit le penseur habitué à s'isoler en soi et à donner la réplique à ses propres réflexions. N'étaient ses favoris en saule pleureur et ses tempes que l'étude n'a point dégarnies, son aspect rappellerait les moines dont l'aimable académicien possède l'extérieur reposé, mais dont il n'a nullement le farouche ascétisme.

Au début de sa conférence, le philosophe est calme. Il énonce sa donnée avec une froideur austère, nette et mathématique. Et puis, peu à peu, il s'anime. La chaleur de ses développements l'échauffe; la fougue de son argumentation fait poindre la sueur à son front. Son geste, contenu tout à l'heure, devient brusque, ardent, impérieux, lyrique. Il frappe, de sa main, la tablette de sa chaire qui mugit avec des grondements de caronades lointaines. Les termes affluent à sa bouche frémissante, puissants et serrés comme des centurions à l'assaut. Son éloquence touffue, débordante, irrésistible emplit l'enceinte... Les indifférents du dernier rang, comme les « carophiles » du premier, sont suspendus à ses lèvres. Les flâneurs venus pour voir se surprennent à écouter !

On comprend alors la vogue et les succès du maître. On s'explique l'ascendant qu'exercent ses bouillonnements oratoires sur des cerveaux habituellement bercés par des monologues d'opérette. Je défie le boulevardier, ignare et sceptique, qui se croit philosophe pour avoir appris sans révolte la félonie de sa maîtresse, ou la baisse imprévue du cinq pour cent, — et le Parisien, oisif et inutile, qui ne connaît de l'Académie que ses auteurs dramatiques et ses romanciers, d'entendre M. Caro sans subir le charme de sa faconde et l'autorité de son érudition.

Quelle que soit l'aridité de son sujet, M. Caro en tire des applaudissements.

L'autre jour, il a su, parlant de la Volonté, élever l'enthousiasme de son public à la hauteur du délire. Et cependant que de gens ignoraient jusqu'aux noms des héros de sa harangue où figuraient tour à tour Platon, Aristote, Brahma, Epictète et Vespasien, — cet empereur auquel le sénateur Priscus (un extrême

gauche de ce temps-là), menacé du châtiment suprême, répondit fièrement :

— T'ai-je jamais dit que je fusse immortel?

En dépit de la distance qui sépare un philosophe
fameux d'un périssable gazetier, M. Caro, — dont la
sympathie m'honore, — me permettra un conseil
anodin : qu'il ordonne l'enlèvement des surmoulages
appendus aux lambris de la salle Gerson. Plusieurs,
dans la quantité, démentent ses assertions. Ainsi,
quand il prétend que la Volonté triomphe de la Passion, il oublie qu'au-dessus de sa tête, un plâtre si-
gnificatif montre un centaure entraînant une nymphe.
L'artiste grec a indiqué de son mieux que l'héroïne
entend résister à l'homme-cheval. Et pourtant les
traits et l'attitude de l'héroïne laissent prévoir le dénouement de l'aventure... La Volonté de la nymphe
sombrera dans la lutte, et le centaure galant lui offrira,
dans quelque bouchon du Parnasse, une douzaine
d'écrevisses qui ouvriront une brèche dans les bastions de sa vertu.

Au surplus, la parole du maître se retourne contre
ses propres conclusions. « La chose haïssable, flétrie
par une bouche d'or, devient aimable, » dit le poëte
persan. L'an passé, M. Caro a traité longuement de
l'Amour et, — cela va sans dire, — a malmené le
Dieu malin de la belle façon. Croyez-vous, pour ce
fait, que le philosophe ait détaché du perfide Cupido,
qui que ce soit de l'assistance? Point. C'est l'histoire

d'un curé d'un hameau de Seine-et-Oise. Voulant combattre l'ivrognerie sévissant sur ses ouailles, il monta en chaire un dimanche, et s'adressant au seul paysan présent à l'office :

— Mon frère, lui dit-il, je suis heureux de vous voir ici. Plus raisonnable que vos concitoyens, vous préférez l'église au cabaret, la prière qui élève à la débauche qui dégrade. Votre conduite est d'autant plus méritoire que l'ivresse est chose tentante. Grâce à elle : plus de chagrins, l'oubli des misères humaines, et la joie du cœur, — sans compter que le bon vin caresse agréablement le gosier.

Le dimanche suivant, le fidèle ne parut point au sermon. L'abbé le retrouva au cabaret, en train d'attaquer son sixième litre.

— Malheureux ! lui cria-t-il. Toi, aussi !

— Ah ! que vous aviez raison, monsieur le curé, l'ivresse est joliment agréable !

A deux heures et demie, la séance est levée. Le maître, en rhéteur habile, termine par une de ces phrases sonores qui allèchent et réjouissent le tympan des néophytes. Sur ce coup de fouet final, il se lève brusquement pour disparaître dans un couloir obscur... Presque toutes les femmes le suivent d'un œil attendri et tendent leurs menottes gantées vers le Dieu qui s'évanouit dans l'ombre...

J'ai vu, quelque part, un tableau de Murillo représentant une poignée de croyants prosternés devant une vision miraculeuse. Rien n'est plus saisissant que l'effet de ces bras, suppliant le saint de demeurer encore. Rien n'est plus attachant que ces figures illuminées par le double éclat de l'Extase et de la Foi... J'ai retrouvé, au cours de M. Caro, l'impression de cette toile magistrale.

Sans un sentiment de haute convenance qui l'emporte sur les exagérations de l'enthousiasme, l'auditoire de la salle Gerson rappellerait le philosophe comme un simple Capoul et lui ferait bisser sa dernière période comme on redemande un air favori. Mais, soyons juste : les Parisiennes de l'amphithéâtre terrassent cette tentation. Elles se bornent à envier les bienheureuses que le maître rencontre souvent dans le monde et qu'une vieille amitié autorise à le suivre au vestiaire, où il endosse son pardessus.

— Admirable !

— Divin !

— Votre appréciation de Spinosa m'a ravie !

— Votre éloge de Kant est un pur chef-d'œuvre !

Telle est la douche miellée que reçoit le professeur harassé. Il n'en est pas quitte pour si peu. C'est à qui de ces dames obtiendra la faveur de l'avoir dans son landau et de le déposer à son domicile.

L'histoire rapporte qu'un philosophe, — enseignant à Sparte et pourvu d'une popularité pareille à celle de l'académicien, — était harcelé jusque dans ses lares par les tapageuses louanges de ses disciples. Il parut

un jour, sous son portique (le balcon n'existait pas
encore), et leur cria d'une voix courroucée :

— Aimez moins le Sage, aimez plus la Sagesse !

J'imagine que l'apostrophe de son antique confrère
doit souvent monter aux lèvres de M. Caro.

LE BILLARD D'HENRI MEILHAC.

———

La froidure et la neige qui, la nuit tombée, réunissent, dans un même trou, des bandes de moineaux transis, rassemblent aussi les amitiés éparses autour des foyers ardents... Lorsque revient l'hiver, l'entresol de voisin et ami, Henri Meilhac, voit se grouper tous les soirs, de quatre à sept, un bataillon d'hommes sympathiques et intelligents. Les uns causent, les autres font un whist; la plupart jouent au billard, et l'appartement retentit de chocs et d'exclamations, que nous percevons nettement dans notre salle de rédaction, séparée par une cloison légère du n° 30 de la rue Drouot.

Vous plairait-il de pénétrer avec moi dans ce milieu joyeux, connu sous le nom de *Meilhac-Club?* Oui. Eh bien ! sonnons.

L'unique huissier de ce cercle intime, — Ernest, le valet de chambre de l'auteur de la *Grande-Duchesse,* — vient nous ouvrir, et de l'antichambre, nous pénétrons dans le salon, dont la porte de gauche donne sur la bibliothèque, — où l'on se livre aux tranquilles émotions du whist, — et la porte de droite sur le cabinet de travail, — où la verve du jeune maître a enfanté tant de pièces centenaires.

Les habitués du billard sont tous présents. Une partie en cinquante points est commencée : Meilhac est aux prises avec le maëstro Reyer, — l'auteur de la *Statue*.

Meilhac est d'un naturel impatient et rageur. L'adresse de son adversaire et les fautes qu'il commet dans son dépit, l'exaspèrent d'autant plus que la lutte touche à sa fin et qu'il n'a guère de chance de se rattraper. Il ôte son paletot, jure comme un templier, qualifie de « vol » les coups les plus catholiques, s'en prend aux queues qui sont trop légères, au plancher qui penche vers Montmartre, au gaz qui tremblote, au feu qui s'éteint, — à tout, excepté à lui-même. Les gens qui, comme notre voisin, apportent un excessif amour-propre à l'accomplissement de ce noble déduit (vieux style) admettront ses emportements et ses récriminations... Que celui qui n'a pas contesté un point à son adversaire, dans un moment de déveine, lui jette la première bille !

On m'a conté que Talma, — étant passé dans la salle de billard, à la suite d'un dîner chez Fouché, ministre de la police d'alors, — offrit à son amphitryon de se mesurer avec lui. Le comédien était d'une certaine force ; le fonctionnaire ne jouait pas mal. La proposition fut agréée, et le duel commença devant une galerie composée des plus éminents personnages du temps. Tout d'abord, les adversaires se traitèrent avec une parfaite courtoisie.

Si Talma réussissait un coup :

— Bravo ! grand artiste ! s'écriait Fouché.

Si Fouché affirmait la vigueur de son avant-bras ou la sûreté de son coup d'œil :

— Admirable, monsieur le ministre ! exclamait l'acteur.

Mais voilà que la chance parut favoriser Son Excellence. Les propos de Talma tournèrent à l'aigre. Et puis, la fortune ayant, par un revirement subit, procuré des coups faciles au comédien, le ministre de la police donna, à son tour, les signes d'un caractère bouillant. Vers la fin de la partie, le dialogue était monté à des apostrophes et à des répliques de ce calibre :

— A vous à jouer, vil cabotin !

— Après vous, espèce de mouchard !

La passion « billardière » de Reyer et de Meilhac ne les mène pas si loin. Ce dernier, s'il vient à perdre, se borne à jeter un peu brusquement, sur le tapis, les dix sous qui représentent l'immuable enjeu de ces joutes quotidiennes. S'il gagne, il pousse, — en manière de fanfare triomphale, — son cri accoutumé... Ce cri, — difficile à noter avec la plume, — est un *piripipippip*, lancé dans le ton aigu, qui stupéfie le visiteur nouveau : il pense, et il y a de quoi, que Meilhac devient fou. A la longue, on se familiarise avec ce tic étrange que certains habitués ont tenté d'imiter sans y parvenir... J'imagine que ce *piripipipppip*, fidèlement rendu à la scène, par la bouche de quelque fantaisiste comme Baron ou Christian, aurait un succès prodigieux.

A Reyer et Meilhac succèdent des athlètes de moindre science. Ce sont, le plus souvent, Charles Narrey et M. Dupin, vieillard affable qu'on appelle familièrement « le père Dupin ». Vous connaissez le premier, célibataire tranquille, d'humeur toujours égale, qui signe d'aimables pièces et de jolis romans. Bon garçon dans toute l'acception du mot, Narrey professe pour le billard un culte opiniâtre. Il arrive régulièrement chez Meilhac, à quatre heures sonnantes, et carambole ou tâche de caramboler jusqu'à sept heures. Ensuite, il dîne et, la bouche encore pleine, il court chez Alexandre Dumas, où il recarambole ou retâche de recaramboler jusqu'à dix heures.

Narrey est un amateur plus chanceux qu'adroit. On l'a surnommé, rue Drouot, *l'ange du raccroc*. Quatre bandes, effets, rien n'effraie Narrey qui, confiant dans sa veine, pousse paisiblement sa sphère d'ivoire avec le sourire malin du mortel aimé des dieux. Tandis qu'il opère, pas une des mèches plaquées et ramenées de sa chevelure rousse, pas un poil de sa moustache blonde, pas un brin de la frange

de ses cils blancs ne tremble... Tout reste en place.
Rien n'est changé en France : il n'y a qu'un carambolage de plus à marquer à Narrey !

Le père Dupin est le vieux vaudevilliste que tout
Paris rencontre inévitablement, chaque soir, dans
les théâtres. Il prétend qu'il n'a que quatre-vingt-
huit ans, mais il se rajeunit. Des biographes scrupu-
leux lui octroyent tout près d'un siècle. Malgré son
âge avancé, le père Dupin joue au billard sans lunettes. Il exécute « les finesses » comme s'il avait
ses yeux de quinze ans. Quand le coup se présente
« *à l'officier* » l'auteur de *Michel et Christine* cambre
ses reins de Mathusalem, passe la queue derrière son
torse quasi-séculaire (ce qui exige une extrême souplesse des vertèbres) et carambole avec la justesse
et la sûreté d'un professeur. Qui croirait, devant ce
libre exercice de toutes les facultés, qu'on a devant
soi un auteur dramatique dont on représentait un
opéra-comique, en 1807, — le soir même du jour où
Napoléon Ier faisait dans Paris une rentrée triomphale ? Le temps semble n'avoir pas eu d'action sur
cette charpente sèche et sur ce cerveau robuste.
Aujourd'hui, comme à ses débuts, le père Dupin s'en
va trottinant par les rues, le pied léger, l'œil vif, en
sifflotant un pont-neuf. Comme dans sa jeunesse, il
fait des pièces sur tout et à propos de tout. Les
genres les plus divers lui sont familiers. Les con-
cierges des théâtres graves ou des salles folâtres

reçoivent journellement ses élucubrations dont la destinée n'est pas infailliblement heureuse mais dont l'intention est excellente et le dénouement conforme à la morale.

Cet octogénaire inoffensif se présente invariablement, rue Drouot, avec un couplet inédit entre les dents. Il n'attend pas qu'on le prie pour le débiter. Les modes, la politique, le chaud et le froid, passent successivement par le laminoir de ses couplets ou par le creuset de ses rondeaux. L'asile qui lui est ouvert n'échappe même pas à sa muse. L'autre soir, faisant allusion aux incessantes visites des directeurs des Variétés et du Palais-Royal chez Meilhac, il a chantonné, tout en carambolant, ce quatrain d'un tour facile :

> Chez Meilhac, en entrant,
> On croise sur le seuil
> La tribu des Bertrand
> Et le clan des Dormeuil.

Si M. Dupin a l'âge de Nestor, il révèle, au billard, la prudence d'Ulysse en s'efforçant de livrer le moins de jeu possible... Il sait, — comme pas un, — coller à la bande ou placer au milieu, son partner qui enrage. Narrey est l'ange du raccroc... mais Dupin est le Dieu de la carotte !

Dans la bibliothèque, silencieux et réfléchis, siègent les whisteurs, — Ludovic Halévy en tête. Le collaborateur de Meilhac, — lorsqu'il médite un chelem ou démasque un atout, — garde son masque mélancolique qui reflète si peu les drôleries sans nombre et les pages extra-parisiennes qu'il a signées. Son visage, poilu jusqu'aux yeux, ne trahit aucune émotion. La courbe de son nez décrit la même parabole asiatique. Parfois, lorsqu'il a mené ses cartes à bien ou lorsque le vaudevilliste Choler émet quelque réflexion grinchue, un pâle sourire éclaire les ténèbres de sa barbe noire, — mais le cas est rare.

Dans le quatuor des whisteurs, Choler se distingue par son chapeau qui semble être le prolongement naturel de son occiput.

— C'est, affirme-t-il, par le courant d'air que commence la fluxion de poitrine.

Il est certain que le rhume de cerveau est la première étape de la pneumonie. C'est pourquoi on pardonne à Choler son gibus vissé à son crâne et son col de paletot relevé jusqu'aux oreilles, dans une atmosphère moyenne de vingt-cinq degrés. Les précautions de Choler et son bonheur au jeu n'ont pas échappé au prurit poétique du père Dupin :

> Choler toujours couvert
> Nargue le courant d'air,
> Et, sans en avoir l'air,
> Au whist jamais ne perd.

Le quatrième de la table de jeu se nomme Crisafulli, romancier et auteur dramatique. Celui-là cumule. S'il y a une vacance au billard, il tend ses cartes au boursier Rebouleau (l'ami des artistes), pour exécuter les quatre-bandes les plus osés. Crisafulli est l'un des promoteurs d'une mesure qui a fortement contrarié les joueurs de petite taille. De par son initiative, il est interdit de grimper sur le billard. Je ne voudrais pas paraître défendre ma propre cause, mais je dois pourtant m'élever contre cet édit qui a enlevé de leur pittoresque aux séances du *Meilhac-Club*. Jadis, quand on entrait dans le salon, il n'était pas rare de voir deux gentlemen à quatre pattes ou accroupis sur le tapis vert, suivant les nécessités du coup. Le maître du lieu, dans sa bienveillante tolérance, s'était contenté de piquer, sur le mur de la salle, un écriteau portant ces mots :

ESSUYEZ VOS PIEDS

Avant de monter sur le billard.

Aujourd'hui, il faut « une jambe par terre ». C'est de la tyrannie pour les hommes de stature exiguë, — à moins qu'ils n'aient les ressources et le talent d'Emile Perrin, — dit Toto, — le fils de l'administrateur de la Comédie-Française. En voilà un qui pourrait s'intituler le Gusman de l'endroit : les coulés, les massés, les rétros, toutes les difficultés et toutes les impossibilités sont impuissantes devant la

souplesse de son poignet. Il ne procède que par
séries de vingt ou trente points. Souvent il fait *la
chouette*. J'entends par là qu'il tient tête à cinq ou six
adversaires... Aux injures dont l'accablent ses infimes antagonistes, il oppose un calme railleur... Et
le Dieu poursuit sa carrière, versant des torrents de
carambolages sur ses obscurs blasphémateurs !

Parmi les membres intermittents du Meilhac-Club,
je trouve MM. Arthur Delavigne, — le fin cuisinier
des *Petites Marmites;* Albert Cavé, — le meilleur
nouvelliste à la main du Cercle; Hebrard, — le directeur du *Temps;* Chabot, — un excellent cavalier que
le Bois voit caracolant tous les matins; Poirson, —
l'auteur de *Cinq-Mars;* Bischoffsheim, — le financier
charmant sans lequel il n'y a pas de premières, pas
d'actrices, pas de plaisirs, — et surtout pas de cha-
rité à Paris. Je suis heureux que le hasard amène
sous ma plume le nom de Raphaël Bischoffsheim pour
rendre justice au cœur compatissant de ce *faux-inu-
tile*. Quand les Nouvelles Diverses du *Figaro* signalent
une détresse, la première offrande déposée dans nos
bureaux est la sienne. S'il s'agit d'un enfant à adop-
ter :

— Je l'adopte ! écrit Raphaël.

Si nous parlons d'un asile à fonder :

— Je le fonde ! écrit Raphaël.

Je crois, ma parole d'honneur, que, si nous disions
qu'une pauvre chiffonnière est veuve et mourra

faute d'un deuxième mari, Raphaël nous écrirait :

— Je l'épouse !

Parmi les membres du Cercle se trouvent des bibliophiles qui, aux cartes et aux billes, préfèrent les trésors de la bibliothèque... Meilhac a le culte des éditions de luxe, et, ce qui ajoute du prix à ses bouquins précieux, c'est l'insertion, à leur première page, d'une lettre autographe de l'auteur... Je suis tombé dernièrement sur un volume de Balzac dont l'en-tête porte, écrite de la main qui a signé *le père Goriot*, cette pensée si juste : « *La femme vraiment distinguée est celle qu'on ne distingue pas.* »

Et le Musset ! Quelle merveille ! Chaque tome contient u lettre du poète énamouré à son cher Sainte-Beuve. J'en copie une dans la quantité et j'en respecte l'orthographe :

« Je ne vais pas vous voir, mon ami : c'est que je ne le puis.

« *Ha* mon ami, si vous avez jamais souffert de ce misérable mal d'amour, plaignez-moi, en vérité... J'aimerais mieux avoir les deux jambes cassées.

« Voilà deux jours que je ne l'ai vue et qui *sçait* quand ce sera ! Elle est gardée. — Adieu. — J'ai le cerveau en capilotade. Soyez-moi discret. J'en suis honteux.

« A vous de cœur.

« A. de MUSSET.

« Mercredi matin. »

Non moins intermittentes sont les apparitions du peintre Vibert, dont le masque rabelaisien et les sail- lies humouristiques égayent l'assistance. On sait que Vibert marie maintenant la plume au pinceau. Non content de brosser des toiles historiques, et des po- chades appréciées, il perpètre des chansonnettes gri- voises et des saynettes à sensation. Ce double travail a jeté quelque incohérence dans ses propos : ainsi, Vibert vous dit le plus sérieusement du monde :

— Au premier plan, je mets une prairie : l'amou- reux entre. Le père, qui se détache bien sur le cobalt du ciel, dit à l'Espagnole, assise sous le grand arbre à gauche : « Les valeurs du second plan sont molle- ment traitées : je te déshérite. » Heureusement que l'or du cadre fait bien ressortir les masses sombres du coin. C'est un de mes meilleurs tableaux... J'en finis douze pour le Châtelet, — nne grande féerie qui, une fois vernie... Je ne vous dis que ça !

Ces divagations abracadabrantes cèdent parfois la place à de fines observations : Vibert me disait l'autre soir en me montrant un gommeux bête à faire crier et musqué à donner des nausées.

— Il ressemble à un cornichon praliné !

Il ne faudrait point être surpris, si, — passant rue Drouot, — vous voyez se profiler sur les rideaux du *Meilhac-Club* des silhouettes de femmes. La présence de débutantes en quête de rôles ou d'actrices en ve- dette est toute naturelle chez un auteur qui a constamment six actes sur les affiches et dix traités en cours d'exécution. Cet élément féminin panache d'épisodes la monotonie des jeux.

Les autres, comme Chaumont, débarquent d'une tournée en province et racontent des aventures de toutes les couleurs. Celle-ci, entre autres : Dans une ville du Nord, une femme du monde, dont la maturité égale la prétention, s'avise de faire représenter la *Dame aux Camélias* dans son salon et s'adjuge, — naturellement, — le rôle de Marguerite Gauthier.

— Mais, poursuit la spirituelle comédienne, elle a toutes les peines à monter la pièce, car elle a besoin de cinq Armand Duval.

—- Cinq Armand Duval?

— Eh! oui. Cette dame est sourde comme un pot, alors, l'amoureux est obligé de crier tout le temps. Il en faut un par acte, — à cause de la fatigue.

Enfin, avant-hier, une ancienne pensionnaire du Palais-Royal se présente. Elle a, depuis huit ans, vu beaucoup de pays. Elle a même séjourné longtemps à Constantinople.

— Pas d'aventures là-bas? lui demande-t-on.

— Si. Un soir j'ai été suivie par un Turc gras, sans barbe, et dont la voix d'enfant de chœur révélait bien l'infortune. Croiriez-vous qu'il m'a demandé ma main? Je lui ai répondu : « Mon garçon, vous feriez un bien plus beau mariage dans une famille qui éprouverait le besoin de s'éteindre ».

Et c'est ainsi qu'au *Meilhac-Club* on se distrait et
l'on s'amuse, comme, — à Paris seulement, — on
peut se distraire et s'amuser.

FIN

TABLE.

Clichy. — Impr. Paul Dupont, 12, rue du Bac-d'Asnières. — 752. 9-79.